踏道 经世 传薪

厉无畏学术研究30周年研讨会文集

王 振 王慧敏 ◎ 主编

团结出版社

图书在版编目（ＣＩＰ）数据

踏道 经世 传薪 ： 厉无畏学术研究 30 周年研讨会文集/ 王振 王慧敏主编. -- 北京 ：团结出版社， 2013.5

ISBN 978-7-5126-1855-8

Ⅰ．①踏… Ⅱ．①王… ②王… Ⅲ．①产业经济学－中国－文集 Ⅳ．①F121.3-53

中国版本图书馆 CIP 数据核字 (2013) 第 106467 号

出　　版：团结出版社

（北京市东城区东皇城根南街84号　邮编：100006）

电　　话：（010）65228880　65244790　（出版社）

　　　　　（010）65238766　85113874　65133603（发行部）

　　　　　（010）65133603（邮购）

网　　址：http://www.tjpress.com

E-mail：65244790@163.com（出版社）

　　　　　fx65133603@163.com（发行部邮购）

经　　销：全国新华书店

印　　装：三河市东方印刷有限公司

开　　本：170X240 毫米　　　1/16

印　　张：12.5

字　　数：170 千字

印　　数：13001—16000

版　　次：2013 年 5 月　第 1 版

印　　次：2013 年12 月　第 5 次印刷

书　　号：978-7-5126-1855-8/F・791

定　　价：28.00 元

第十一届全国政协副主席、民革中央常务副主席厉无畏在民革中央办公室（2008年）

2010年12月，第十一届全国政协副主席厉无畏在广州出席"第六届中国总部经济高层论坛"并发表讲话。

2012年11月，"厉无畏学术研究30周年研讨会"在上海举行。

　　2009年3月，全国政协副主席、民革中央常务副主席厉无畏在第十一届全国政协第二次会议上。

目录 Contents

序

王战
上海社会科学院院长
2013年5月

　　厉先生是改革开放后上海社会科学院招收的第一批研究生，他1979年考入我院工业经济与管理专业研究生，1982年获得经济学硕士学位后，就进入上海社会科学院部门经济研究所工作，先后担任部门经济研究所的研究室副主任、主任，所长助理、副所长、所长，被评聘为研究员、博士生导师。

　　2008年，厉先生荣任十一届全国政协副主席，但仍然兼任上海社会科学院创意产业研究中心主任，担任文化创意产业特色学科带头人、产业经济学博士生导师，时常抽空回院与科研人员研讨学术，给学生授课论道。为回顾和学习厉先生的学术思想和治学精神，2012年11月，上海社会科学院主办了"厉无畏学术研究30周年研讨会"。

　　研讨会上，与会领导和各界代表对厉先生30年学术生涯进行了回顾，并高度评价了他所作出的学术贡献，对其取得的丰硕成果和各种奖项表示了热烈祝贺。30年来，厉先生在乡镇企业、国资改革、数量经济学、中小企业、经营管理、产业经济学、创意产业等方面都做了深入的理论研究，取得了丰硕的成果，出版著作20余部，发表论文、文章及研究报告300余篇。同时，还立足现实、注重当下，聚焦我国改革开放中出现的热点难点问题，作了大量研究，在国有企业改革、经济转型等重大问题上都发表了重要见解，多项建议被采纳。他的研究成果曾荣获省部级优秀成果奖11项，包括上海哲学和社会科学优秀论文奖、优秀著作奖，上海科技进步奖，邓小平理论研究和宣传优秀成果奖，上海市决策咨询优秀成果奖等。1990年获国家教委和国务院学位委员会授予的"有突出贡献的中国硕士学位获得者"称号，并获得政府特殊津贴；1992年受聘为上海市政府决策咨询专家，为上海的经济发展做出许多贡献。因其在数量经济、经济管理、区域经济及金融等领域的丰硕成果，先后被推举为上海数量经济学会理事长、上海管理科学研究会理事长、上海市股份制与证券研究会会长。

值得一提的是，厉先生因父亲被打成右派，早年求学之路坎坷，但他一直自强不息，孜孜不倦，成为上海社会科学院研究生"黄埔一期"中的佼佼者。在他日后的学术研究生涯中，这种不断进取的学习精神从未懈怠，在六十多岁时，他又开拓了一个全新的研究领域——创意产业，成为我国创意产业研究的学术领军人，被业界誉为"中国创意产业之父"。因此，2007年获得中国创意产业杰出贡献奖，著作《创意改变中国》获得"全球文化产业学院奖"的"思想驱动奖"，2013年，厉先生获得了"辉煌中国·十大时代经济精英人物"奖。

厉先生作为著名经济学家，至今还在亲自指导我院的研究生学习，吸引了众多慕名而来的各地学子，为上海社会科学院培养了近30名博士和博士后。他多次赴美国、德国、日本、韩国、台湾、香港等国家和地区的大学和研究机构进行合作研究和讲学。还应邀在全国各地讲学，并被北京大学、中国社科院、同济大学、浙江大学、中国农业大学、中国传媒大学、东华大学、华东理工大学、华中科技大学、上海戏剧学院、深圳大学、暨南大学、广东外语外贸大学、贵州大学、哈尔滨财经大学、四川社科院、重庆大学、河南大学、浙江师范大学、孝感学院等数十所高校和科研院所聘为名誉教授、客座教授。

厉先生是上海社会科学院培养成长起来的杰出学者，也是我院第一位走上国家级领导岗位的优秀人才，他的成才之路可圈可点，他的成就硕果可喜可贺。今天，《厉无畏学术研究30周年研讨会文集》正式出版，书中大部分文章为厉先生的学生撰写，这些学生如今已是各个岗位上的骨干，正沿着先生的脚步前行，期待更多的学子在厉先生治学精神的鼓舞下尽快成长起来，在此，感谢厉先生为上海社会科学院作出的重大贡献！

序

参政议政

　　厉无畏先生的参政生涯几同步于学术，也有30年，这是他同样辉煌、大放异彩的人生历程。厉无畏先生1981年加入民革，1988年起担任民革上海市委副主委、主委，1993年起先后任全国政协和全国人大常委，2007年任民革中央常务副主席、2008年任全国政协副主席，30年间正是我国改革开放、中国政党制度建设快速推进的时期。他是见证者，更是亲历者。厉无畏先生充分运用自己的专业学识参政议政。《以奉献为抱负，用学术履职责》一文采撷了厉无畏先生30年学术参政议政的片段。

以奉献为抱负，用学术履职责

李　硕

2008年以来，由美国次贷危机引起的国际金融危机不断蔓延，严重影响了全球实体经济的发展。受国际金融危机的影响，2008年我国出口增长同比回落8.5%，并带动GDP增长回落。面对如此严峻的形势，厉无畏认为，要实现经济社会持续发展，不能依赖虚拟经济和资本运作。通过新的技术变革，培育新的主导产业，才是引领经济走出危机，实现新一轮增长的根本途径。2009年3月7日，厉无畏在全国政协十一届二次会议上做《大力发展创意产业，推进经济创新和传统产业的升级换代》的大会发言。他开宗明义地提出，只有实现创新发展的国家才能迅速走出危机，而创意产业就是推动创新发展的一支重要力量。2008年，在我国许多产业增长速度下滑的同时，创意产业却能逆势而上，如网络游戏出口2008年三季度比二季度还增长了21%，北京、上海、深圳等地创意产业增长率也远高于同期GDP的增幅。基于这一事实，厉无畏指出，在当前的经济寒冬中，创意产业已经成为了一股令人振奋的暖流。他建议："将发展创意产业列入国家创新计划"、"尽快成立全国性创意产业协会，整合社会各界力量，协助政府推进创意产业的发展"和"制定促进创意产业发展的政策"。

王岐山、王刚、董建华等国家领导人同两千多名全国政协委员一起，听取了厉无畏所做的大会发言。第二天，厉无畏发言中的那一句"在当前的经济寒冬中，创意产业已经成为了一股令人振奋的暖流"，被多家中央媒体引为文章标题，用以报道这个在我国创意产业界、经济界乃至全社会都引起广泛关注的重要发言。

作为在国内外享有盛誉的著名经济学家、我国创意产业理论研究的先驱，厉无畏是十一届全国政协副主席、民革中央常务副主席。自从当选第八届全国政协委员以来，厉无畏先后就防范金融风险、做大中等收入队伍、促进分配公平、加速建立社会保障体系、转变政府管理经济的职能、建立石油储备制度等关系到国家建设和发展全局的战略性问题，在全国政协大会上提出提案、建议。十余年间，他利用自己在经济学方面的渊博学识和卓越成就，致力于为国家的经济建设和社会发展建言献策，产生了十分广泛的影响。

凡涉及经济社会发展的重点、热点和难点问题，他总能抓住解决复杂问题的"关键点"

多年来，厉无畏多次赴美国、日本、法国、台湾、香港等国家和地区的大学和研究机构进行研究和讲学，他在产业经济、数量经济、创意产业和经济管理等方面的学术成就，蜚声海内外。厉无畏治学的特点是，密切关注中国经济社会的发展，在实地调研的基础上，对经济社会发展中出现的重点、热点和难点问题进行深入细致的理论研究。面对纷繁复杂的经济热点、难点问题，他总是能以超前的、独特的视角阐述独到的见解，提出创新性的观点。经过他"梳理"的经济热点、难点问题，都会变得条理清晰起来。顺着这样的思路继续"前进"，人们会惊讶地发现，他已经把解决问题的"关键点"，摆在众人面前。

比如1990年代，我国经济增长迅速，在80年代国民生产总值翻一番的基础上，进入90年代年增长率达10%以上；与此同时人民的生活水平大大提高，市场繁荣、购买力旺盛。但是国有企业却出现了经济效益连年下降的现象，企业亏损面达1/3左右，国家每年对亏损企业的补贴高达500亿元以上。何以会出现这种经济高速增长与国有工业经济效益连年下降的反差现象呢？厉无畏认为，研究其中的规律将有助于改革的深化。

1994年，在全国政协八届二次会议期间，远在法国讲学的厉无畏，没有能参加会议，但他却向大会提交了《中国经济发展反差现象的思考》的书面发言。这份书面发言回答了一个重要问题，表达了对中国经济发展和国有企业的全新思考。他认为，改革开放以来，我国出现的经济高速增长与国有工业经济效益连年下降的矛盾，是经济结构调整过程中的必然现象。他分析说，国有工业的效益并没有下降，而是向基础产业、第三产业和个人分配三个方面转移了，同时，国有工业还承担了大部分改革的成本，因此才会有国民经济的高速增长和人民生活水平的大幅度提高。他预计，这种转移可能要持续到我国真正建立起社会主义市场经济体制。为此，他提出了"从宏观上把握工业效益转移的度的界限，加速建立社会保障体系，切实转变政府管理经济的职能"三条建议。这份书面发言受到国务院有关领导的重点关注，被吸纳到有关进一步提高国有经济质量的重要决策中。十余年间，国有企业在推进改革的进程中，厉无畏当时提出的三条建议始终"很管用"、"很重要"，特别是"加速建立社会保障体系"这条建议。社会保障直接关系到亿万中国百姓的切身利益。加快建立和完善社会保障体系，就是要以社会保险、社会救助、社会福利为基础，以基本养老、基本医疗、最低生活保障制度为重点，以慈善事业、商业保险为补充，进而实现社会安定，人民安居乐业的作用。从这个角度来说，社会保障体系是社会的"安全网"和"稳定器"，对社会稳定、社会发展有着重要的意义，是全面建设小康社会，构建社会主义和谐社会的重要内容。厉无畏的这条建议，可谓切中了中国经济平稳发展的关键点。

再比如，2008年，我国股市经历了大喜后的大悲，深沪股指一路下跌，调整幅度达到70%左右，远远超过了美国、日本、巴西、香港等国家和地区的回调幅度，国际金融危机和国内经济基本面的影响显然难以解释其全部原因，大小非解禁和减持所带来的绵绵压力被认为是持续压制市场上涨的根本原因之一。2009年"两会"期间，股市问题成为社会关注的焦点。厉无畏在接受媒体专访时表示，作为国有资本的大小非在解禁时不应该损伤流通股股东的利益，应该加强对限售股的监管，要求限售股东拿出一部分利润成立特别收益金返回给流通股股东。他详细分析说，"大小非解禁"是造成股市起伏的最主要原因，即股改时大小非的对价不够，解禁后给流通股股东带来损失，造成人心恐慌，所以要让国有股拿出抛售收入的20%左右作为红利分给流通股。这样做，大小非就不会随便减持，流通股也不会赶紧逃走。不恐慌了，市场就不会受到大小非解禁的影响而波动。他说，在民革中央《关于加强对限售股减持监管的提案》中，对特别收益金的使用提出了两种方案。第一种方案是把特别收益金作为当期分红，派发给所有持股股东；第二种方案是把特别收益金交给专门的机构去运营，成立类似平准基金的机构，起到维护股市稳定的作用。厉无畏强调，确保流通股股东的利益不受损害是维护股市稳定的必要条件之一，而稳定的资本市场也是经济发展的重要前提。

除了以超前的思想提出创新性的观点、从独特的视角提出独到的见解，能够用简洁易懂的语言把艰涩难懂的经济问题说得清楚明白，是厉无畏的又一特点。1997年，东南亚金融危机爆发，对亚洲各国产生了不同程度的影响。防范金融风险成为我国金融业发展的重要课题。1998年3月9日，厉无畏在全国政协九届一次会议上做《关于防范金融风险的若干建议》的发言。他提出：当前，在有些人中存在一种侥幸的观点，认为东南亚金融危机主要是因为开放金融市场过早，因此，中国只要不开放金融市场，金融危机就不会发生，这是不正确的。我国开放金融市场是迟早的事，尤其是在加入世贸组织以及全球金融自由化的背景下，我国最多也只能争取到与其他发展中国家一样的待遇：享有5年保护期。因此，当务之急是加快金融市场化改革的步伐，促进金融市场的成熟与规范，为开放做好准备。厉无畏还同时分析了金融风险的根源，提出了防范风险的具体对策。听了厉无畏的发言后，曾担任中国人民银行行长的李贵鲜同志两次走到他身旁表示赞许，并饶有兴趣地问："你有没有更详细的论文材料？"全国政协委员中的同行吴敬琏写来纸条称赞他"以浅显的语言解答了很复杂的经济问题"。次日，《人民日报》评论说："厉文提出了全新的观点，使人猛醒。"

此外，厉无畏十分注重理论与实践的紧密结合，因此他的文章更能贴近实际，能对现实问题有针对性的提出意见和建议，实用性很强，所以很多地方和单位都愿意邀请他去做关于我国经济形势、创意产业等方面的报告。前不久他到浙江去，当地的领导和企业对他多年前撰写的文章，还记忆深刻，并津津乐道他的文章带给当地政府和企业很大的启发，"非常实用"，这让厉无畏感到很欣慰。

他十分重视民革的自身建设，对民革参政议政工作倾注了极大的心血。

厉无畏出生于书香世家。厉无畏的外公蒋作宾，是著名的革命家、同盟会的第一期会员、辛亥革命的元老，毕业于保定军校，又到日本留学，就读于陆军士官学校。北伐时是总参谋长，国民政府成立后出任陆军次长，并先后担任驻德第一任公使和驻日公使。蒋作宾为救国强国奋斗了一生。虽然在厉无畏出生的第二年就去世了，但是为厉无畏留下了寓意深刻的名字和宝贵的精神财富。厉无畏的父亲厉德寅是从美国归国的爱国知识分子，在美国取得经济学博士学位，他在新中国成立后从事经济学研究和教学，并参加了民革组织。外公和父亲对厉无畏的人生产生了重要影响，也让厉无畏与民革结下了不解的渊源。厉无畏于1981年加入民革，先后任民革上海市委会副主委、主委、民革中央副主席，2007年当选民革中央常务副主席。

繁忙的公务活动和学术研究已经把他的日程排得满满当当，但是厉无畏仍然十分重视民革的自身建设。他亲赴上海等地为民革党员做贯彻科学发展观、学习践行社会主义核心价值体系的辅导报告；亲自为荣获民革全国先进基层组织、民革全国基层工作先进个人的组织和个人颁奖；更撰文论述如何切实提高参政党的整体素质和参政议政的群体水平。当一位记者问及参政党自身建设的重要性时，他说，民革作参政党，首先必须政治上坚定清醒，制度上健全完备，组织上富有活力和凝聚力，才能在国家的政治生活中发挥更大的作用。进一步加强自身建设，就是"为不断提高参政议政能力练好内功，实现自身科学发展，促进多党合作的科学发展"。

在厉无畏的倡导下，民革自身建设的成效极大地推进了参政议政、民主监督职能的发挥。每年，民革都会围绕经济建设、祖国和平统一和社会发展中的重要问题开展调查研究，向中共和政府部门提出意见和建议。长期关注"三农"问题，关注农村民生，是民革参政议政工作的特色和重点。去年，周铁农、厉无畏等民革中央领导分别带队，围绕农村法制环境、生态建设、社会保障、商品流通、粮食安全以及农民增收、创业就业等问题，向全国政协十一届二次会议提交了集体提案，得到了有关部门的积极答复。"三农"问题也是厉无畏长期关注的一个课题。几年来，他多次带队或参加全国政协、民革中央的调研组，奔赴全国各地就"三农"问题进行调查研究，取得了丰富的第一手材料。2008年"两会"上，他提出"创意农业"的观点，并代表民革中央做《关于大力发展创意农业，提高农产品附加值的建议》的大会发言。这是将创意移植入传统产业并实现产业升级的实例。在这份提案的推动下，我国的创意农业得到了进一步的发展与推广。

促进祖国和平统一工作，是民革长期的工作重点，也是民革工作的一个主要特色。长期以来，厉无畏与民革中央同志一起，在推动祖国和平统一大业上，按照中共中央的总体部署，在继续深入做好"泛蓝"阵营工作的基础上，把祖统工作的重心向台湾中下层民众的代表人士、台湾青年、台湾县市民意代表和台湾南部各阶层民众等几个重点领域延伸拓展。民革祖统各项工作都取得了新的进展、新的突破、新的成绩，得到了中共中央、国务院领导及有关方面的高度肯定。被台湾青年学生誉为"第一天团"的"台湾高校杰出青年参访团"（简称"杰青团"），就是民革创新工作思路和方法，打造出来的一个对台交流"精品"。"杰青团"的成员都是来自于台湾知名高校的学生领袖，他们来到大陆进行参观和考察，与大陆青年进行广泛交流。通过这一活动，"杰青团"成员们对祖国大陆有了更加客观真实的认识，进一步坚定了"祖国统一"的立场。他们中的不少人成为了两岸青年交流交往的积极推动者和组织者。厉无畏曾多次会见"杰青团"成员并与他们座谈，还为团员们就中国经济发展形势、文化创意的发展等问题做专题报告，使他们更加深入地了解大陆的发展。厉无畏充分肯定民革"杰青团"活动取得的成效，"做台湾在校学生领袖的工作，已经成为民革对台工作的经典项目"。

他拥有"中国创意产业之父"的美誉

18年前，厉无畏开始研究"创意产业"这个课题。同年，他创立上海社会科学院创意产业研究中心。这个研究中心是我国最早的创意产业研究机构之一，集理论研究、咨询研究和政策研究三大功能为一体。2005年，厉无畏发起成立上海市创意产业协会，意在从产业经济学的视角研究文化创意产业。通过近20年的努力，厉无畏为中国创意产业的研究和发展作出了重要贡献，被誉为"中国创意产业之父"。2007年，他获得了中国创意产业杰出贡献大奖，成为创意产业理论界获此殊荣的第一人。

厉无畏是一位严谨的学者，他认为没有理论支撑的战略决策和咨询建议，在实践中是很难把握合适的发展力度的。他的最新著作《创意改变中国》，让我们相信：文化创意将与科技创新一样，成为未来改进中国经济增长方式和提升社会就业结构的两大引擎之一。该书出版后，在国内引起了强烈的反响，一年内连续印刷了5次。多个国家表示希望出版《创意改变中国》的外文版本，引进创意产业的先进理念。今年4月，该书的韩文版正式出版发行，厉无畏出席了首发签名售书仪式，并为大邱大学师生作"金融危机下中国创意产业的发展"的专场学术报告。韩国国会议长金炯旿说，如果厉无畏的《创意改变中国》韩文版提前一年在韩国出版，将对韩国克服金融危机起到更有力的影响。该书还将被翻译成多国语言，据悉，英文、日文版将于今年出版。英国经济学家、"创意产业之父"、英国创意集团主席约翰·霍金斯评价说，厉无畏是回答这个问题的最佳人选："中国创意经济的愿景是什么？"

厉无畏的研究着眼于为社会服务，将创意产业与社会发展中的重点、热点、难点问题结合在一起。他研究的领域十分广泛：创意产业与经济增长方式的转变、产业结构的升级，创意产业与城市创新、品牌塑造，创意产业与企业经营，创意产业与两岸合作关系发展，创意产业与"三农"问题，创意农业与区域竞争力的提升等。他在著作《21世纪初中国重点产业的发展与前景展望》中，对"十一五"期间需要重点发展的12个产业进行了系统研究，包括金融、物流、旅游、房地产、电子信息、钢铁、汽车、电力、装备制造、医药、食品加工、农业等，研究的主要内容包括分析各个重点产业"十五"期间的发展概况与特点，观察该产业国际上的发展趋势与经验，展望"十一五"期间，乃至更长期间的发展前景，涉猎的范围十分宽泛。

他的研究立足于应用到实践当中，这充分体现在深入调查研究，提供决策咨询，为国家发展、城市发展、行业发展提出宏观性的战略性的提案、建议，提供具体的可操作性强的办法、点子。

2008年9月7日，上海世博会论坛咨询委员会成立，厉无畏出任论坛咨询委员会主席，为论坛的议题策划等工作提供高质量的智力支持与帮助，被业界戏称为2010年上海世博会"首席军师"。当被问及各国城市为什么要争办世博会时，厉无畏说，世博会能为城市发展带来机会，成功举办世博会的城市能获得巨大的经济和社会效益。只有抓住这一机会，积极发展创意产业才能充分获得举办世博会带来的种种效益。厉无畏还细述了上海世博会与创意产业的关系，他说，2010年上海世博会既是上海创意产业发展和繁荣的机遇，同时上海世博会也迫切需要创意产业提供有力支持，让世博会办得更美好。对于上海来说，通过世博会发展创意产业可以推动上海城市功能再造，为城市规划提供新思路，创造新的城市文化氛围，同时也为旧城改造提供了新的契机，把保护历史文化遗产与发展创意产业结合起来使城市更具魅力，给人以国际大都市的繁华感、文化底蕴的厚重感和时代的生机感。

不仅是在上海，他在全国各地留下了考察调研、咨询指导的足迹，留下了他提出的经济思想和发展方略，为国家的发展、城市的发展、行业的发展出计献力；不仅是在中国，他以他的学术成就和业界影响力，与许多国家的相关人士和机构进行交流，在国际会议上指点江山，纵论天下。为了让世界更好地了解中国，树立我国锐意进取的良好国际形象，厉无畏在诸多领域作出了贡献。

他倡导人们用快乐的工作，用宽容的心态为创意产业提供广阔的发展空间

当国内学者对好莱坞动画片《功夫熊猫》中那只会武功、很幽默，但完全不符合熊猫自然特性的"熊猫阿宝"感到"不适应"时，厉无畏则认为人们应该用宽容的心态面对创意产业。他说，中国创意产业的发展态势比较良好，许多地方的创意产业增速普遍高于当地经济增幅。但是，我们仍要认清自身与发达国家的差距。创意产业在我国出现不过七八年的时间，而在发达国家的发展进程已有几十年。仅从时间与经验的角度看，我国的创意产业与世界领先国家存在着较大差距，若要赶超，只有加快我们的步伐，在同样时间内创造更多的产业价值。另一个差距是观念差距，中国拥有丰富的历史文化资产世人皆知，但是我们却没有将它们挖掘、转化成产业资源并加以利用。其中最主要的原因就是观念的束缚性太强。要解决观念差距的问题，我们必须要扩大社会环境的宽容度，创造更加宽松的文化氛围，鼓励现实中比较大胆的、有争议的创意，解放产业从业人员的思维束缚，激活他们的创造力。只有这样，中国的创意产业才有可能形成自己的特色与性格，在世界创意产业之林中占有一席之地。他曾深有感触地说，"要发展创意产业，需要更加宽容的氛围，有了文化上的宽容，创意产业才会成长。"

除了宽容的心态，厉无畏还倡导人们要快乐工作。已过耳顺之年的他说："研究创意产业是很快乐的事情，"他常对学生和属下研究团队说要快乐工作。他最爱《论语》中的名句"知之者不如好之者，好之者不如乐之者"，在"快乐精神"的引领下，厉无畏的"快乐团队"——上海社科院创意产业研究中心近年来成绩斐然，不仅出版了多部创意产业方面的专著，出色完成了各项委托的调研课题，还推出了《创意产业》杂志，并获得了"2008年中国创意产业推动奖"。

坎坷而传奇的经历，诗歌承载人生的理想和抱负

1942年，厉无畏在日军的轰炸声中诞生于重庆，外公蒋作宾为他取

名"无畏"，希望他牢记国耻，不畏艰难，为国奋斗。少年时代的厉无畏，学习勤奋、天资聪颖，曾是华东师大附中的高材生。但"历史喜欢和人开玩笑"，1958年，厉无畏的父亲厉德寅被打成"右派"，他美好的少年时光宣告终结，从此开始了20年的坎坷路程。年仅16岁的厉无畏不得不告别学校，承担起照顾失去劳动能力、生活能力的母亲和5岁小妹妹的生活重担，当过煤矿筹备处的试用人员，做过小学、中学的代课老师，还曾经去造纸厂、塑料制品厂、车辆配件厂做临时工……但是乐观的性格支撑着他绝不向不公的命运低头。困厄之中，他仍不坠青云之志。白天，他从事繁重的体力劳动；晚上，他在灯下翻出父亲留下的书籍，一本本地啃、一门门地钻。20年间，厉无畏自学了哲学、历史、高等数学、机械制造、经济管理等学科，还凭着收音机里的广播，从ABC开始自学英语。

厉无畏从二十几岁就开始了诗歌创作。他的诗，多为七言和七绝，语言凝练，想象丰富、情感真挚，有的雄浑华丽，有的澄净秀雅，体现出了很高的艺术造诣。1977年春，"文革"刚刚结束，春天越来越近，厉无畏敏锐地感受到了这股暖意，借"太行风雪"画，赋七绝一首《题画—太行风雪》：

> 百万玉龙动细尘，
> 深山老树又妆银。
> 缘何雪路铃声急，
> 人比红梅早觉春！

大雪、深山，银装素裹的老树、白雪皑皑的大地，却传来急急的铃声。原来，赶路人比坚强耐寒的红梅，更早地嗅出了春天的味道。因此，才会急着赶路，走出被大雪笼罩的深山，去寻找春天的温暖。仅一个

"急"字，便将作者迫不及待、期盼春归的心情刻画得淋漓尽致。果然，一年过后的1978年，春回大地，厉无畏也迎来了他人生的转折。

1979年，自强不息的厉无畏终于实现了多年的夙愿，以优异成绩考取了上海社会科学院研究生部，攻读工业经济专业。在顺利获得硕士学位后，厉无畏又赋诗一首《春游桃园》：

> 小园尽日好徘徊，
> 仙草名花一路栽；
> 不是东君还故地，
> 红颜碧玉为谁开？

作者把和他有相似经历的知识分子们比作"仙草名花"、"红颜碧玉"，若不是有总设计师的"指点江山"，又如何能够上演这春天的故事？许许多多像厉无畏一样的知识分子，历经了无数的人生苦难之后，终于盼到了拨云见日的那一天。他在科学的广袤领域里尽情地翱翔，要将耽误的时光补回来，终于获得了累累硕果。自1982年取得硕士学位以来，他先后在国内外报刊杂志上发表论文200多篇，获得省部级优秀成果奖11项。他主编与合作编辑著作《创意产业——城市发展的新引擎》、《区域经济——战略规划与模型》、《企业实用现代管理方法》、《转型中的中国经济》、《中国产业经济发展前沿》、《创意产业导论》、《中国开发区的理论与实践》、《创新经营》等20多部。1990年，厉无畏荣获国家教委和国务院学位委员会授予的"有突出贡献的中国硕士学位获得者"称号。

2002年中秋之夜，仰望当空皓月，厉无畏有感而发，作七律一首，题为《中秋寄情》：

大江潮动月团团，秋气清高笼远滩。

风雨曾经翻浊浪，山河毕竟展新颜。`

故园消息花如锦，月夜乡音曲共弹。

迢递梦魂牵两岸，何时东海起归帆。

　　团圆之夜，面对着滔滔的江水、高高的明月、茫茫的远滩，作者的心情跌宕起伏，无法平静。曾经浊浪汹涌的家园，如今已是繁花似锦。而海峡两岸的骨肉至亲，何时才能团圆呢？优美如歌的韵律，千回百转的忧思，娓娓道出中华儿女渴盼两岸统一的恳切心愿，让人动容。厉无畏用诗歌记录了他的所思所想和人生经历，他的诗歌，也反映出了国家的进步和社会的发展。

原载《中华英才》2010年第六期

（作者系民革中央宣传部工作人员）

决策咨询与乡镇企业研究

　　早在上世纪80年代初期，刚刚硕士毕业的厉无畏先生就带领研究团队赴全国各地讲学，并为地方经济发展出谋划策。在研究实践中，厉先生大胆创新，探索了一条"科研—咨询—培训"三结合的研究之路。为其日后担任上海市政府决策咨询专家，并多次荣获省部级决策咨询奖奠定了坚实基础。

　　《三下"泰顺"》和《"科研—咨询—培训"三结合的乡镇经济研究之路》两篇文章由厉先生当时的团队成员及同事撰写，为我们展示了改革开放初期厉先生探索创新的学术风采。

三下"泰顺"

王大悟

改革开放初期的1983年，研究生毕业不久的厉无畏同志应温州市委党校邀请，带领团队前往讲学，内容为改革开放的大势和企业管理的知识。宣讲改革开放的前景令学员群情振奋，而传授企业管理的知识，使过去长期在计划经济环境中成长起来的人们茅塞顿开，懂得了科学管理的现代化思维。参加听课者都为温州市各县区的领导干部和大企业的负责人。短短四天的讲课当然无法满足他们新奇的求知欲，他们更迫切希望厉无畏能带领团队去现场指导，为地方经济的发展指点迷津。一些领导干部和企业负责人听了以厉老师为首团队的讲学，觉得获益匪浅，纷纷要求厉老师能够在实地进行考察和调研，通过调研对实地发展提供思路。在泰顺建材陶瓷厂厂长张风叶的邀请下，厉无畏一行来到了最偏远、最贫困的泰顺县进行调研。

泰顺地处浙江省最南端的崇山峻岭之中，是浙江省五大贫困县之一，素有"九山半水半分田"之称。当时从温州去泰顺，要越江渡河，还要在崎岖颠簸的沙石山路盘绕1400个弯，辛苦不算，危险很多。人在散了架的情况下，坐了整整一天车在暮色降临时才来到泰顺县城。虽然风尘仆仆，但厉无畏抓紧时间，晚饭后马上召开座谈会听取汇报，收集资料，了解县情。会毕，即进行了团队分工，第二天有的分赴不同行业调研，有的与县各级领导交流，有的进行专题讲座，有的构思咨询报告。

泰顺是个资源丰富的县，但藏在深闺人未识，厉无畏同志带领知识团队的到来，为泰顺县的经济发展挖掘和推出了许多亮点。

——泰顺盛产高岭土，陶瓷业发展潜力极大。厉无畏亲临工厂，指导如何提升管理水平。

——泰顺是中国茶叶之乡，作为"中国创意产业之父"的厉无畏当时就作了"四贤茶"的品牌策划。

——泰顺有优质的含氡温泉，厉无畏深入山谷实探氡泉，在溪涧中还滑倒跌入湍急的水流中，但他穿着湿漉漉的衣裤继续前行，提出了开发温泉的设想。

——泰顺旅游资源丰富，但当地人久居于此并未发现其价值。如古代廊桥就是典型一例。当地只把廊桥当作交通通道。经厉无畏一点拨，当地干部才恍然大悟，方知廊桥有着很高的文化附加值可供开发利用。

……

经过三天紧张的工作，团队于当晚彻夜不眠撰写咨询报告，东方破晓，报告完成。当次日早晨上班时，一份清晰完整的《泰顺县经济发展咨询报告》呈现在县委书记和县长面前，两位领导惊叹团队神奇的工作效率和高质量的咨询成果。

从此以后，厉无畏同志把泰顺县作为他扶贫研究的长期基地，不仅两次来到泰顺县作深入具体的指导，还在上海及长三角地区为他们搭起合作的桥梁。譬如，泰顺县盛产焦藕，可制成一种口感很好的粉丝，但苦于没有销路，当地人也不知营销方法，厉无畏同志一方面授他们以销售技巧，一方面又沟通销售渠道，使焦藕进入了上海市场。长期无私热情的"知识扶贫"，使厉无畏同志和他的团队成员与泰顺县结下了深情厚谊，成了至交，成了亲人，成了科研—教学—产业实践的合作者。厉无畏同志能成为当今产业经济学的资深权威，可以说早在那时他已是一

決策咨询与乡镇企业研究

17

位先行者和开拓者。

时至今日，还有许多泰顺人记着厉无畏这个人，这个名字。几年前，"恒大"在浦东的上海最大陶瓷建材市场开张，泰顺的董事长仍惦念着厉无畏。厉无畏同志还派了专门的代表前来祝贺，董事长感恩之情溢于言表。

把知识注入落后企业，把真诚奉献给贫困山区，换来了山乡巨变，原先经济十分落后的泰顺县已变成了一个以有机农业、清洁型工业和生态旅游业为主的产业结构合理的经济发展前景良好的山区城市。如今的泰顺已属"全国生态示范区"、"中国古廊桥之乡"和"中国茶叶之乡"，被称为"世界蜡都"。我想，老厉同志应该为之欣慰。

（作者为上海社会科学院部门经济研究所研究员，厉无畏先生攻读硕士期间的同学，改革开放初期与厉无畏先生合作从事课题研究和决策咨询。）

"科研—咨询—培训"
三结合的乡镇经济研究之路

韩华林

厉无畏同志对农村经济，特别是对乡镇工业的研究，取得了显著的成果。由他带领的课题小组深入农村，加强对乡镇企业的研究，并在实践中探索了一条"科研——咨询——培训"三结合的新路子。他用自己调查研究的结果，编著了《乡镇企业经营管理基础教材》一书，该书26万字，1985年由上海社科院出版社出版。该书被评为1985年上海社会科学院部门经济所优秀成果，发行量达10万余册，社会影响很大。《解放日报》1985年10月16日以"他们的路"，《经济日报》1985年10月4日以"为乡镇企业雪中送炭"为题，报道了厉无畏等同志的先进事迹。

厉无畏同志对乡镇企业的研究理论基础扎实，研究领域较宽。1985年他和课题组参加了北京国家经委召开的乡镇企业有关讨论会，争取了《乡镇企业技术进步》这一由国家经委委托的课题，并担任此课题组组长。经过一年多时间的研究，他和课题组同志一起撰写了1.2万字的研究报告，研究报告中提出了乡镇工业技术进步的重点，目标，措施，宏观指导乡镇企业等观点，受到了国家经委领导的肯定和表扬；时任国家体改委副主任张彦宁的批示中指出：课题按期完成，项目论证会对研究报告进行了分析，同意承担单位提出的"关于推动乡镇工业技术进步的有关政策和意见"。国家经委领导认为研究报告可行，上报国务院审批。1987年4月，由国家经委，财政部，农业部，中国农业银行四家联合发出的《关于推动乡镇工业技术进步的意见》作为238号文件发至全国各省市、自治区及直辖市，产生较大的社会影响。

1986年初，厉无畏同志根据乡镇企业的现状和趋势，又设计乡镇企业经济联合研究课题，他几乎调查了全国大多数省市的乡镇企业经济联合。他对乡镇企业的经济联合作出了进一步的深入研究，他带领有关小组同志又主编了《中国乡镇企业》一书，由上海社会科学院出版社出版发行，国家星火计划办公室把它作为反映中国乡镇企业的权威书籍赠送给外宾（书中有中英文对照）。

由于厉无畏同志对乡镇企业这一领域的研究不断深化，成果丰硕。厉无畏同志在1987年——1988年两年中，先后编写了《光明的事业》、《金色的事业》等小册子，主编了乡镇企业经营管理丛书一套共六本，包括：《中国乡镇企业概论》、《乡镇企业物资管理》、《乡镇企业经济活动分析》、《乡镇企业财务管理》、《乡镇企业经济基础》、《乡镇企业管理实务》，总共80万字，均已出版发行。

为进一步扩大与国际间的学术交流，1988年厉无畏组织"中小企业代表团"访问美国。在美国密苏里大学、加州大学旧金山分校进行了"中国中小企业经营机制研究"、"中国乡镇企业与投资环境"等学术交流活动，参与签订了"上海社科院——美国密苏里大学"为期二年的学术活动协议书工作。

为扩大学术交流的阵地，厉无畏同志在1987年筹建了既跨市，又跨学科的综合发挥社会科学优势的"乡镇企业经济研究中心"，还培训了乡镇企业的厂长经理，曾获奖状两张，锦旗一面，在科学，咨询，培训活动中，获得了经济和社会效益的双丰收。

（作者为上海社会科学院部门经济研究所副研究员，改革开放初期与厉无畏先生合作从事课题研究和决策咨询。）

决策咨询与乡镇企业研究

数量经济学研究

　　厉无畏先生的经济学家之路，从他1978年考入上海社会科学院，成为十年浩劫后的首批研究生开始起步。家学渊源传承给他丰富的学识，早年艰辛砥砺了他济民报国的锐志，灵动的逻辑形象思维，扎实的数量经济理论，二者的贯通结合，使他持续开辟蹊径，不断创造成果，为中国的经济理论和经济发展做出了令人瞩目的贡献。数量经济学是厉先生攻读硕士学位的专业，从上世纪80年代到21世纪，30多年来，厉先生在数量经济学领域的探索从未停歇，"经世致用，济民报国"是他一贯的动力。

经世致用，济民报国

——以数量经济学为基础的产业结构研究之路

夏晓燕

一、上世纪80年代的数量经济研究成果

研读厉先生在上世纪80年代的学术成果，有助于深刻理解他的研究方法、研究重点，领悟他人文理想与科学研究融汇共进的经世致用、济民报国的学术之道，找到他在社会经济改革与数量经济理论之间的贯通之桥。

（一）1983—1985，数量经济与技术进步：以企业、行业结构为研究对象

我读到的厉先生发表的第一篇文章，是他与范瑾、左学金两位先生合作、发表在《社会科学》1980年第5期的《猪肉的市场需求预测》。在文中，厉先生等三人基于1979年下半年上海市场猪肉供过于求、产销比例失调的问题，提出消费品的社会需求并非是一成不变的，而会随着消费品价格和居民收入的变化而变化。文章运用数据统计分析，并采集1967—1974年的数据（1975年以后是计划供应）科学地排除季节性影响等因素，利用1979年下半年到1980年上半年的月度数据，通过回归分析方法运算、检验、预测等，对1980年以后的猪肉市场需求进行了短期预测的尝试，为完善当时上海猪肉市场的供应组织提供了科学有效的建议。文章最

后还提出了要重视需求研究与预测的作用；要把握价格和需求变化之间的数量关系，以避免市场调节中的盲目性；更提出安排生产计划，不仅要研究短期需求，而且要研究长期需求，不仅要研究需求价格，而且要研究需求与收入之间的关系。

读了这篇文章，颇觉具有强烈的现实意义，因为猪肉价格问题至今仍是牵动中国宏观经济决策的一件大事。近几年几次猪肉价格的重大波动，都成为判断必需消费品供应关系、居民可支配消费能力与物价指数之间关系的重大事件，很大意义上成为判断经济大局、判断消费稳定的特定事项。厉先生在1980年那个时段、"市场经济"的提法可能还会"犯忌"的时候，如此具体地以一个攸关百姓日常生活的猪肉市场需求出发，明确提出重视需求预测对计划调节的作用，并委婉地表达了充分发挥市场调节作用的理念，以价值规律合理解决计划供应和市场调节之间的关系。这篇或许是厉先生最早的研究成果，可谓烂若披锦、信而有征。预示着他的整个经济学研究，始终密切地联系着民生国计。

从他在数量经济与统计预测领域的研究成果看，1983年应该是厉先生专注于数量经济与统计预测研究与应用的一年。这年，他发表了《因果关系计量模型及其应用》（《世界经济导报》1983.3.21）、《增长曲线预测法》（《上海管理科学》1983.4）、《经济效果指标的主成因分析》（《数理统计与管理》1983.5）、《结合预测法及其应用》（《数量经济研究》1983.10）、《技术进步过程及其分析》（《数量经济理论、模型与预测论文集》1983，能源出版社)等论著。综合这些论著，厉先生非常重视采用多种增长模型，如时间序列、因果关系计量模型、自适应模型等，进行经济增长效率的分析判断。在《经济效果指标的主成因分析》中，他提出如何利用现行的一些经济效果指标全面评价企业生产经营水平与经济效果的优势，运用多元统计分析方法，采用固定资产产值率、净资产劳动生产率、产值资金率（百元产值平均流动资金占用）、产值利润率和资金利润率等指标，对一个造纸公司20多个造纸厂的以1980年的上述指标的实际数与1981年动态相对数作为样本，进行各指标之间的相关关系分析，以验证仅仅以单位时间内的总产值与活劳动的消耗量的比对来衡量劳动生产率，会忽略总产值包含很多劳动生产资料的转移，并不代表新创造的价值的问题。文章先研究了五项指标之间的相关性和重要性，发现从常规评价来说，除百元产值平均流动资金外，其它四个指标有很强的正相关关系，但是实际验证结果是百元产值利润率与百元固定资产产值率负相关，与百元产值流动资金占用正相关。因此，文章指出重视通过数据分析，确认经济效果的主成因，要避免出现"企业存在的重生产轻节约问题"、要认识"净产值的劳动生产率和资金利润率是比较重要的"、"应该避免企业在提高设备效率时所费投资的增加超过了由效率提高而引起的成本降低，并且在生产过程中浪费严重而不受重视，设备产出率提高了，生产多了浪费也多了，因此成本上升导致产值利润率下降的问题"。文章提出了如果企业在技改中要想取得较大进步，在降低成本、提高资金运用效果上更重要。在《结合预测法及其应用》中，他以鲍克斯–詹金斯（Box-Jenkins Model）与自适应模型（Adaptive Model）相结合为例，明确提出"结合预测法之所以能改进预测，是因为构成结合预测的各个预测都未能使所有可以利用的信息得到最优的充分利用，而将各种预测结合起来的结合预测法则能兼收并蓄、各取所长，从而得到特别令人满意的结果"。他把这些方法应用到轻工业增长预测，以时间序列、指数型增长模型以及因果关系计量模型相结合不断检验预测结果，得出轻工业的增长在很大程度上受上一年的农业生产发展的影响。这种精益求精的研究方法，在当时各生产力要素都严重短缺、企业生产由行业主管局进行计划安排的背景下，对于年度之间的社会供需稳定性、全社会生产要素资源的有效分配、技术进步的主旨作用和评价方法起到了很好的提示作用，也为他此后一段时间致力于上海工业技术进步分析、产业结构调整和上海发展战略目标设置等研究提供了客观的数据支持。

之后的1984-1985年，厉先生继续扩展学以致用的经济学研究道路，继续将数量经济模型与上海工业技术进步研究紧密结合。相比较，1984年在1983年模型研究的基础上，加入了人才因素，包括收入分配机制和人才管理机制在技术进步分析模型中的作用。该年的调查报告《改革分配制度要正确处理好各种关系——达华箱包厂搞活分配促进改革》以及《这位厂长聪明在哪儿》(《世界经济导报》1984.8.13)都提出了人才和分配（两者相加，可以理解为人力资本）以及人才运用的重要性。另外，进一步提升研究上海工业技术进步分析，深入进行评价与测算技术进步的讨论，进行东西方投入产出对比分析，研究上海战略目标的实现与产业结构的调整。与孙恒志先生合作、原发表于1985年3月《财经研究》后被收入《现代统计论文集》的《参数指标体系刍议》，6月与葛谦合作发表于《研究与开发》的《评价宏观经济效果的指标和方法》，7月还是和孙恒志合作发表于《社会科学》的《东西方投入产出对比分析》，严谨地指出了"经济指标的意义，不仅在于反映经济活动的条件、过程和效果，还必须揭示各种经济因素内在的数量变化规律，从而成为经济分析、政策与计划的有效工具。"他把描述经济结构的数量指标特征称为参数指标，并分为边际指标（或称增量指标）、弹性指标（如需求的价格弹性、收入弹性和能源需求弹性系数等）以及乘数指标、综合评价指标，力图在调查研究的基础上，尽快建立一套科学适用的参数指标体系，用以进行经济分析和研究、进行预测和决策、作为制定经济发展计划的参考，客观地指导宏观经济发展。

期间另有一篇《我国卷烟需求分析》(《数理统计与管理》1985.3)，以时间序列、因果关系计量模型进行了卷烟的短期预测，以伯努里方程（Bernri Equation）根据1968年-1982年的销售资料进行了需求量估计，得出了卷烟作为特殊消费品，基于种植面积、卫生健康以及自身的技术进步相关联的需求增长速度、行业管理与经济控制的结论，即便今天看来仍是令人警醒与深思的。

把这些研究成果与那个特定时期结合考察，不难发现：一是中国经济发展尚处在讨论从商品经济向市场经济转型的方向与概念的探索阶段，二是中国的经济理论正开始体系重构的过程，厉先生乃凭借其深厚的数学基础，把握上海区域经济的特性，专注地从事数量经济分析与预测方法的研究，并将这些方法与上海的技术改造以及改造资金问题（以仪表局为模型）相结合，指导局部的经济发展要素配置与管理方法的改进。1983—1984年上海的区域发展，正面临着工业经济低迷、财政困难带来发展资金短缺的巨大困难。厉先生的预测方法，为上海后续的产业结构振兴改造框架提供了分析与决策思路，上海开始在国有企业经营机制上放权让利、扩大市场调节自主权的试点中摸索产业结构调整、技术进步的整体方案。这些研究成果，先后获得了上海市哲学社会科学优秀论文奖、上海社会科学院优秀论文奖等诸多奖项，多篇论文被辑入相关论文集。

厉先生在中国经济改革之初避开宏观之争，务实地提供分析决策方法，提供经济增长效率与技术进步成效分析的理论指导，是一种有高度智慧的经世济民之道。应该说，中国改革之初的数量经济研究，厉先生是先行者之一，他为中国技术经济学科、生产力经济学科、投入产出模型分析奠定了重要的理论与方法基础。直到1985年以后，国务院成立经济技术发展研究中心，开启了中国三十年经济改革的理论研究与政策制定的智库发展之路，也推动中国数量经济与统计预测研究，结合改革大潮在产业结构调整与技术进步领域回归到世界发展经济学的主流。国发研究中心建立之初的数量经济研究重点，很大程度上承袭了厉先生的研究方法和模型框架，将之应用于中国宏观经济结构和技术进步研究。

（二）1986—1990年，经济结构变化与经济增长的区域扩展研究（上海/长三角/中国）

也许是巧合，厉先生1986年的研究成果，首先引起我好奇的是

《动态回归分析探讨及其应用——上海市工业用水量预测》（《预测》1986.1）。厉先生与王贻志、谢依艺等根据1983年上海统计年鉴，在对1951－1983年上海市工业用水量数据进行动态回归分析基础上，利用限定记忆法进行预测，研究表明当上海工业基础增大时，技术进步的作用越大，边际工业用水量呈下降趋势。我个人关注的是，作为每个阶段的新起点，厉先生的研究重点，是在一直严谨地采用数量经济模型和数据实证进行预测和检验研究的同时，又始终在动态地关注那些深刻影响产业结构、高度关系民生的经济要素和经济现象。

与上阶段的研究相比，在运用数量经济模型进行企业和行业的经济运营效率、增长效率分析的基础上，厉先生的重点研究领域扩展到上海宏观经济模型的建立与分析，进而走出上海，和国家经委合作研究《乡镇企业技术进步指标体系》，研究结构变化与经济增长，逐渐将研究的视野落在了上海经济发展战略和相关区域经济研究领域。这些研究，很大程度上为厉先生"跳出上海看上海、站在上海看中国"的中国产业结构调整增长的总体路径的研究奠定了基础。

厉先生的《上海市宏观经济模型的建立与分析》（上海社会科学院学术季刊1987.4），基于当时的上海经济发展纲要提出了以GNP翻两番作为上海到上世纪末的发展目标，提出改变以社会总产值为主要指标的模型，改以建立以GNP为主要指标的宏观经济模型，用于分析上海的经济结构和增长。此文的建模思路，在于分析和预测上海三次产业结构和产出，同时考虑如投资总额、国民收入与分配、国内销售与出口等一些综合性指标的分析和预测。此文以30个变量、20个方程组成非线性方程组系统模型，对上海经济发展进行中期预测，着重分析上海国民收入上交比例、国家返回投资、价格等对上海经济发展的影响。此文在模型假设时，注意到"上海是全国最大的经济中心，其发展对于整个国民经济有着举足轻重的影响。1978－1985年间，上海的国民收入中平均有48.3%是上交国家使用的，国

数量经济学研究

29

家每年返回的基建投资只占上交部分的7%-8%"，基于上交国家和返回部分的数量变化对上海的城市建设和经济发展会产生较大的影响，模型将两个因素作为外生变量，以便研究它们对上海经济的影响程度，并为寻求一个对国家和上海的经济发展都比较有利的数量比例提供依据。此文对上海交国家使用的国民收入与国家返回投资的关系进行了客观分析，结论为："上海交国家使用的国民收入每增加1亿元将使上海的GNP减少0.41亿元，国民收入减少0.279亿元；而国家返回上海的投资每增加1亿元可使上海的GNP增加1.46亿元，增加国民收入1.004亿元。换而言之，如果上海上交国家使用的国民收入与国家返回的投资大体维持在3.6:1的话，则不会影响上海的经济增长。而实际上当时的比例是13.8:1"。文章鲜明地提出："这种竭泽而渔的办法不仅严重影响了上海经济的发展，而且从长远看国家也并不能因此而从上海获得更多的好处。"

而其时，上海的振兴发展也列入了中央的重点。两相呼应，中央政府调整了上海的上交比例，增加了10个百分点的自留财政，无疑为上海90年代的经济发展起到了非常关键的作用，为上海的"四个中心"发展战略提供了决策依据。

此间厉先生还致力于乡镇企业技术进步的研究。以《乡镇企业技术进步指标体系》（国家经委课题报告）、《乡镇企业技术进步研究》为核心成果，连同几篇厉先生亲历亲为的调研报告，凝聚成《乡镇企业经营管理》（上海社会科学院出版社，1988年5月修订版）、《中国乡镇企业》（上海社会科学院出版社，1989.8），进而推动厉先生的研究领域，进入到长江三角洲投入产出分析、上海大中型企业搞活经营、上海三资企业的发展及其对技术进步的作用等研究，构成完整的以数量经济模型为基础的、学以致用的学术研究和决策咨询体系。

厉先生还对经济学自身的理论体系完善做出了贡献，与他人合著了《区域经济研究：战略规划与模型》（上海社会科学院出版社1988.9）、

《国民经济统计学》（上海社会科学院出版社1989.8，得到了上海社科院优秀著作奖）以及《数量经济学》（《续十新经济新学科》之一，张仲礼主编，重庆出版社1990）。

二、上世纪90年代数量经济研究成果

上世纪90年代是上海经济发展史上最值得大书特书的重要时期，浦东开发、"四个中心"建设目标，上海再一次成为世人瞩目的焦点。

厉先生分别在1991年1月9日的《解放日报》发表了《深化改革实现经济发展》，以及与陈家海先生合作的《90年代：上海经济发展战略面临新的调整》（《社会科学》1991.1），明确指出了"80年代上海经济的数量型目标得以实现"、"质量型目标远未达到，如贸易中心与金融中心功能的相成、传统工业的技术改造、机电、电子、化工产品的国际竞争能力等等"，"难以达到的原因主要应从政策和体制中去寻找"，"只有基于这种判断，才可能认清上海经济发展面临的一系列困难的真正原因"。厉先生对上海发展战略的调整建议，是他严谨地以数量经济理论为指导的实证与预测分析研究中得出的客观结论。在上述文章中，他"应用一个回归模型研究了国内销售、调出市外以及出口对上海国民生产总值增长的影响，结果表明出口增长1%对GNP增长的影响仅为0.134%，而内销及调出的影响要大得多，两者之和为0.872%。运用1987年的投入产出表加以分析，也得到大致相同的结果。这既表明上海经济基本上是内向的，也说明在现有水平下依靠出口扩张对经济成长的带动作用是较小的，要形成外向循环尚需一较长的过程。"文章进一步分析，"上海在面临原材料短缺，资金匮乏和国内市场疲软的困难情况下，着力于经济的外向发展，并逐步把发展重点转向新区的开发上，也许是唯一能走出困境、带来成功希望的道路。"在进一步分析中央面临"诸侯经济"、"中央财政不可能有很大放

权"以及"平衡浦东开发的全国影响"等因素后，厉先生明确指出"上海只能走外向型发展道路，只能以出口导向为主要的战略方针，成功的关键在于扩大开放，深化改革"。

紧随其后的2月15日至3月22日，《解放日报》先后发表了3篇署名"皇甫平"的评论，提出要"继续坚持解放思想，敢冒风险，大胆改革"。这一巧合，表明厉先生以理性的数量经济研究方法得出的现实政策和体制背景未能很好地配合上海经济发展战略的完成，恰恰也是中央高层在高度关注、寻求改革突破之要点与难点。

深入分析厉先生的数量经济和产业结构的研究成果之后，会发现他更加务实、前瞻地提出了"上海外向型中的结构建议"。他十分明确地提出，"上海在作出外向型经济的结构调整时，一个重要前提是要在对国际经济环境分析的基础上，正确确立上海在国际经济发展格局中的地位。""就产业选择而言，以劳动密集为主的轻纺加工业，不仅与上海的地位不相称，在东南亚以及我国沿海省区的竞争压力下，现有的一点优势也保持不了多久。""上海的优势在于具有一定规模和技术基础的机电工业和化工工业，包括造船、电站设备、成套机械、医药、化工等劳动较多的资金密集产业；而此类产品的市场目标在东南亚、中东和非洲，而后逐步向次发达和发达国家扩张。"重温这些见解，回顾上海外向型发展的实际情况和先生当时目标设计的差异，不免令人腕叹。

厉先生继续深化数量经济与统计预测研究，投身于数量经济理论基础的建立和完善。1992年，他在百忙中完成了伦敦政治经济学院安德鲁·哈维(Andrew C. Harvey)的《时间序列的计量经济分析》（The Econometric Analysis of Time Series）1990版本的翻译。该书以《计量经济学》为名，由台湾五南图书出版公司出版。正如厉先生在序言中所说，该书以讨论时间序列为背景，有系统地介绍了计量经济学的理论和方法，基本上概括了该领域的研究成果，特别对于计量经济学的两大难题——动态问题和非线性问题作了专门介绍。此书对于该学科的理论研究者和应用工作者有着重要的学术价值。之后不久的1993年4月，作为《经济新学科论著》（张仲礼主编，上海社会科学院出版社）的第六篇，厉先生的《投入产出经济学》也列入其中。投入产出经济学是经济学的一个重要分支，它混合经济学、数学、统计学以及计算机软件成为一种数量经济分析方法，旨在利用统计资料和数学模型对经济活动进行分析和预测，在定量分析的基础上，寻找经济增长防止危机的出路。正如厉先生引用的投入产出经济学鼻祖——列昂惕夫本人的话："今天的经济学出现了这种情况：一方面理论高度集中而没有事实，另一方面事实堆积如山而没有理论。把经济理论的空匣，充实以有关的经济内容的任务，日益迫切地提到日程上来了"。厉先生对于数量经济理论的贡献，在中国经济改革的长河中，可以说是给人们提供了"授人以渔"的方法，其对研究课题的专注勤奋，对研究理论的补充完善，当为人们所铭记。

厉先生上世纪整个90年代数量经济和统计预测研究领域的主线，乃立足于上海的中国经济结构调整和经济增长。透过《中国经济增长与改革总趋势》（《上海经济》1993.4）、《宏观调控下的中国经济发展趋势》（《经济咨询》1994.1）、《上海经济结构与功能变化因素与趋势判断》（《社会科学》1994.9）等文章，我们可以看到厉先生关注的中国以及上海的经济增长，是从全要素投入格局下的整体优化配置视角出发的，因此他以翔实的数据引导人们看到国有企业发展于政府职能调整、上海经济结构中的资金、技术优势与能源、原材料短缺、社会保障体系与企业结构和产权制度改革、国有企业和乡镇工业之间关系等，并献策建立经济结构调整和效率提高的健康、稳固基础。长期以来，厉先生坚持进行年度经济增长分析，并开展大量的国际交流。《转型中的中国经济》（1998，上海人民出版社）可以说是他用数量经济实证方法年复一年地剖析中国经济改革走向的标志。

三、二十世纪的数量经济与统计预测研究

整理、总结厉无畏先生在数量经济和统计预测研究领域的成果，不难发现厉先生是数量经济与统计预测应用于中国经济改革之初，进行经济增长与结构调整、企业改革与技术进步等理论研究和决策分析领域的先行者和奠基者。2000年以后，伴随着21世纪的到来，厉先生的研究，更多地将数量经济和统计预测方法，融合于他的产业结构调整、经济增长与通货膨胀、循环经济与环境资源以及创意产业的研究。尽管后期研究成果中，很少看到他在数量经济学领域的专著，但是，他依然出于专业本能，不断地将经济事实充填着他所涉及的每一个研究领域，把对经济内容的评价贯穿于他所瞩目的每一个经济事实；持续地运用动态模型，回归、分析经济增长的社会福祉。

在先生的研究体系中，除了资本、人力外，自然资源和环境、人文资源等要素，同样是构成经济增长投入，并且更为影响产业结构调整的水平，这显然是更理性、更全面、更宽广地看待中国经济增长质量的视野。在被编入《上海可持续发展研究报告（2006—2007）—基于生态足迹的可持续发展专题研究》（2007.5，学林出版社）的《能源消费与上海经济增长》一文中，他急迫地提出了"在经济增长与保护环境的冲突日趋严峻的情况下，研究能源消费与经济增长之间的关系，进而寻求最小能源消费和环境代价条件下的经济增长，是一个亟待解决的现实问题"。在分析了新古典经济学家在能源对经济增长的作用研究中存在的单向因果关系的假设缺陷后，对比了Ehrlich的IPAT模型(I 为环境冲击，P为人口数量，A为富裕度，T为技术)得出的经济增长越快越难以实现环境负荷或资源消耗与GDP之间的"脱钩"结论，进一步分析林伯强（2001）应用协整和误差修正模型技术得出的"我国能源需求的收入弹性较低而价格弹性较高"的研

究发现，以及杨朝峰、陈伟忠（2005）利用1952—2003年我国能源消费量和GDP数据进行的协整关系分析得出的"我国经济增长与能源消费之间存在的单向因果关系，且该关系长期下是稳定的"研究结论。先生认为这些研究"或者侧重在计量经济上的因果分析，或者偏重于如何降低能源消耗的定性分析和对策研究，在我们能源消费增长与经济增长之间的变动规律方面，缺少细致的定量分析和规范的理论分析"。

厉先生因此假设能源消费的增长不是推动经济增长的原因，而是经济增长的结果，并将能源消费分为基本能源消费和引致能源消费，构建了一个动态回归模型，利用上海市1978–2004年能源消耗实证分析，经过反复拟合该动态模型证明了能源的消费增长主要由经济增长所导致，并预测了"十一五"期间上海的GDP能耗下降目标，之间的拟合度相差不到1%。提出：一是要降低基本能源消费的增长速度倡导节约型能源消费习惯以及制定有效的能源消费政策；二是要通过经济结构调整促进经济增长方式的转变，使经济增长主要依托于耗能低的产业部门的扩大。

围绕降低能源消耗的经济增长方式的研究，厉先生进而开展了循环经济、现代服务业的研究，凝聚为《创意产业导论》（2006.6，学林出版社），从而奠立了中国创意产业之父的学术地位；并执著地推进"创意改变中国"，以及对减少环境资源投入、优化增长方式的研究探索。

四、不是结尾的结尾

厉无畏先生向来就不是一个坐而论道、清谈空议的经济学者，他几乎是本能地持续将经济学的经世济民意义，融汇于学术研究成果、政府决策建议、企业发展咨询；体现出改善社会经济结构、提高人民福祉的宗旨。在具体做法上，他又善于"以小见大"、"四两拨千斤"，用严谨翔实的实际数据、清晰完整的模型架构、睿智合理的假设判断，演绎他对中国各

数量经济学研究

个改革阶段中各种纷争概念的理解和剖析。

厉先生外柔内刚，集平和的心态、勤奋的精神和崇高的理想于一身，孜孜探求环境友好型、民生改善型的社会经济发展道路；依托深厚的经济学理论基础，不断地将一个个经济事实和内容导入经济理论、架构经济模型，不懈地将一个个社会经济发展要素配置于人民生活和环境质量的改善。

厉先生的学术生涯是多彩而恢宏的。胸怀崇高的理想追求，肩负重大的社会责任，足踏坚实的科学道路，这就注定了他能够拥有繁富、激越而明丽的人生。

（作者为上海东方有线网络有限公司总经理，2000年攻读上海社会科学院产业经济学博士学位，师从厉无畏先生。）

■国资改革研究■

　　厉无畏先生对于国资国企改革的研究始于上世纪90年代，1996—1998年连续3年，厉先生花费了大量的时间和精力，到基层国企实地调研，研究探索了新的公有制形式以及改革的新思路等问题，并发表了关于国资国企改革的系列论文，提出实现"三个转变"、"三个分离"等多项具有现实指导意义的观点和建议，为我国国有企业的改革和转型贡献了学术智慧。厉先生的同事、当时参加国资国企改革研究的课题组成员撰写了《国有企业改革研究三部曲》，文章朴实地叙述了当年的研究经历和取得的成果。

国有企业改革研究三部曲

韩华林

厉无畏老师对国有企业的改革问题进行了深入研究，重点研究了国有企业改革的现状，本质所在，并探索了新的公有制形式以及改革的新思路等问题，成果显著，并发表了三篇文章《上海市国有资产管理体系改革的现状和对策》、《探索新的公有制改制形式》、《加快国有企业的改革步伐》，厉无畏老师国有企业改革主要包括三个阶段：

第一阶段（1996年）：厉老师主要是针对当前国有企业资产管理改革的现状和对策的研究。在调查上海国有资产管理体制改革现状的基础上，对当前国有资产管理体制改革面临的主要矛盾进行了深入地分析，并发表了《上海市国有资产管理体制改革的现状和对策》一文，在该文中厉无畏老师指出了国有企业改革的一些问题：（一）对国有资产管理改革的投入力度不足；（二）体制上存在职能分离和职能到位的困难；（三）国有资产管理经营收益与财政关系尚未理顺；（四）企业资本金不足；（五）负债率过高；（六）资产流动不规范和范围的局限性以及行业阻隔等问题，正是这些问题形成了国有企业改革难以深入进行的局面。

根据这些问题，厉无畏老师很精确地总结了未来国有企业资产管理的发展目标：1、实现"三个转变"，即对国有资产管理要从以实物形态管理为主向以价值形态管理为主转变，从静态的凝固化的管理向动态的流动化的管理转变，从行政权和资产权"两权合一"的条条管理向分层次的专司管理转变。2、实现"三个分离"，即政府的社会经济管理职能和国有资产所有者职能分离；在资产所有者职能中，国有资产行政管理同国有资产营运分离；在资产经营运行中，国有资产所有权和企业法人财产权分离。

同时在该研究报告中，针对上述国有企业资产管理改革出现的问题，厉无畏老师也总结了一些改进措施：（一）为了克服改革中动力不足的问题，应该规范国资经营机构的行为，转变政府机构改革和实现职能；加强对企业的宣传、教育和引导，认清国资改革是建立现代企业制度的基础，并懂得用长远的眼光来看问题。要妥善处理有关权力、责任和利益的调整问题。（二）将政府财政预算与竞争类国有资产的经营收益分开，建立与资产管理相统一的人事管理制度，将国有企业董事长和总经理的关系分开，并对其业绩进行考核，对政府专业管理部门的职能与事权进行综合分析分解等。（三）理清应将政府的财政预算和竞争类国有企业资产经营的收益分开，并理顺两者之间的关系。（四）将基本建设"拨改贷"的资金转为国家的投资，对国有企业存量资产进行流动和重组。（五）明确国有企业投资主体和产权转让主体的统一，建立产权转让的法定程序，建立规范的有形的产权交易市场，建立国有企业的托管机构，开展企业托管业务。

根据厉无畏老师对当前的国有资产的研究总结：目前，国有资产管理体制的基本框架已建成，整个改革正在向纵深发展，它将涉及到方方面面的利益调整，会遇到各种复杂的问题与阻力，它绝不是国有资产管理体制改革单兵突进所能解决的。在以上对主要一些问题的分析中已经可以看到，它必须有企业制度、投资体制、金融体制、财政体制、人事制度和行政机构等多方面改革的配套才能顺利实现预定的目标。

由厉老师等组织撰写的《上海市国有资产管理的现状与对策》论文，

获得了由中国软科学研究会颁发的第一届中国软科学学术年会的论文选用证书，并获奖。

1997年（学习党的十五大精神），经过了第一阶段对国有制资产管理改革的现状的研究，厉无畏老师认识到公有制经济改革和国有制改革的本质所在，于是在第二阶段给出了探索新的公有制形式的研究，并撰写了《探索新的公有制实现形式》一文，该篇文章厉老师响应了江泽民总书记的十五大报告中的指示精神：努力寻找能够极大促进生产力发展的公有制实现形式，其目的就是要在市场经济条件下完善和发展公有制经济，使公有制与市场经济有机结合起来，从而大大促进生产力的进一步发展。在研究过程中，厉无畏老师在报告中说道：（一）公有制实现形式可以而且应当多样化：1. 促进生产力发展，是公有制实现形式多样化的根本目标。2. 经济效率决定了不同生产规模需要不同的企业制度，是公有制实现形式多样化的内在要求。3. 既要追求经济效益又要追求社会效益，是经济发展和社会进步赋予国有企业的使命。为此，根据不同的效益目标建立不同的企业制度，是公有制实现形式多样化的特殊要求。（二）建立现代企业制度是国有大中型企业改革和发展的方向。1. 建立现代企业制度，是对传统的国有企业制度的变革，有助于国有大中型企业成为适应市场的法人实体和竞争主体，推动政企分开和企业经营机制转换。2. 现代企业制度的建立，是对传统的资产管理方式的改革，有助于实现国有资产的合理配置，提高资本运作效率，推动国有大中型企业实现经济增长方式的转变。3. 现代企业制度的建立，有助于以资本为纽带，通过市场形成具有较强竞争力的跨地区、跨行业、跨所有制和跨国经营的大企业集团，使国有大中型企业走上现代化企业发展轨道。（三）对其它几种公有制经济形式的探讨，包括对国有独资企业，股份合作制企业，社会公共基金的探讨。

第三阶段（党的十一届三中全会纪念29周年1998年）：基于前两个阶段的对国有制经济改革的现状和本质的深刻研究后，厉无畏老师探索出了如何加快国有制经济的新思路，并发表了文章：《加快国有企业改革步伐》。在该篇研究报告中，总结了国有企业改革当前面临的困难：在转型期间面临着高负债，企业经营管理不适应市场经济的发展，企业历史包袱与社会负担沉重，重复建设导致国有经济布局不合理，国有企业产权主体不明确，政企不分，要素缺乏流动性等问题，并指出要加快国有企业转型的思路问题：（一）建立并健全国有资产管理和经营的体系，实现政资分离，形成国有资产投入产出经营的良性循环。（二）建立现代企业制度，明确企业法人财产权，使企业真正成为自主经营、自负盈亏、自我发展和自我约束的市场行为主体。（三）对国有经济进行战略改组，从整体上搞好国有经济。（四）建立覆盖全社会的由国家、企业、个人三结合共同负担的社会保障体系。（五）改革政府机构，转变政府职能，精简人员，为实现政企分开创造条件。同时也可降低社会交易成本，减轻企业负担。

值得一提的是，厉老师在整个课题研究中，特别注重对青年人员的培养。他用自己对国有企业研究的一些思路、观点来指导青年人员参加国有企业改革的课题研究。厉老师给青年人员详细讲解了整个课题研究的各个环节，包括对课题的选题，材料的收集，分析研究和提炼，最后得到的结论及如何做好课题研究的一些关键要素等。厉老师还安排青年研究人员如周冯琦等承担国资企业改革的某些章节的研究，使青年人员得到了很快的成长。

（作者为上海社会科学院部门经济研究所副研究员，
改革开放初期与厉无畏先生合作从事课题研究和决策咨询。）

中小企业与经营管理研究

　　厉无畏先生长期关注中小企业的发展和企业的创新经营，这也使得他总是能够前瞻性地把握现实经济发展的脉搏，成为一个务实的、接地气的经济学家。正是因为他对草根企业的关注和敏锐性，他提出了"小企业是大问题、大战略"的观点，认为要深入研究中国的小企业发展问题，大力构建小企业服务体系。厉先生在企业经营管理领域的成果丰硕，研究成果先后获得"新时期全国优秀学术成果一等奖"、"上海邓小平理论研究与宣传优秀成果著作一等奖"等诸多奖项。《小企业，大问题，大战略》、《以创新理念启迪企业发展》两篇文章由厉先生的两位优秀学生撰写，自上世纪90年代起，他们就一直跟随厉先生做课题、搞研究，并迅速成长为上海社会科学院的科研骨干，先后走上领导岗位。

小企业，大问题，大战略

王　振

　　我1998年从日本京都大学博士毕业后，进入上海社会科学院应用经济博士后流动站，并由厉无畏老师、谢自奋老师担任导师，开展关于中小企业发展政策的博士后课题研究。

　　受1998年国际金融危机的影响，整个东亚地区的经济受到了较大的冲击，但其中凡小企业发达的国家或地区，其受到的冲击明显较轻。因此在1999年，国内学术界开始关注起小企业的发展问题，一些地方也积极开展相关的政策调研工作。厉无畏老师从上世纪80年代初期就关注和研究乡镇企业，对这一充满活力的草根企业曾进行过深入调研，发表了一系列论文。正是因为他对草根企业的关注和敏锐性，他提出要深入研究中国的小企业发展问题，他认为，小企业是大问题、大战略，要认真学习和借鉴美国、日本等发达支持小企业的做法和经验，大力构建小企业服务体系，更好地促进小企业的健康发展。根据厉无畏老师的选题，在两年的博士后期间，我协助厉无畏老师开展了小企业发展问题研究。这里借纪念厉无畏老师从事学术研究三十周年之际，我重新梳理了十多年前他在小企业发展问题研究中形成的一些重要观点。

一、发展小企业是重大战略性问题

厉无畏老师提出,小企业是个大问题,同时从我国社会经济的长期持续稳定发展的角度看,小企业更是其中的一项大战略,只有小企业得到健康发展,才能实现整个国家的宏伟目标。

首先,在经历了二十年的改革开放和理论总结,发现小企业同样也是国民经济的重要基础与增长源泉。不可否认,大企业是国民经济的基础,是国家实力的代表,但小企业在整个国民经济中已经占有的份额也非常清楚地表明,它同样是国民经济的基础,而且更加具有广泛的社会影响。尤其值得一提的是,1997年以来我国经济就开始面临增长势头趋于回落的局面。为了实现经济的长期持续稳定增长,国家一方面大力扩大财政投资,一方面要求各大国有银行加大融资力度,希望借助于积极的财政与金融政策再造经济增长的源泉。但这些在以往几次调整中都曾取得过明显效果的经济政策,这一次却没有那么快就显示出应有的带动效应。分析其中的原因,有一点是不可忽视的,小企业已经成为经济增长的重要动力,但众多小企业却没有在这一轮的扩张政策中获得实实在在的支持,来自资金、市场、政府和资源的约束也没有得到明显的缓解,以至小企业未能实现新的高速增长,结果直接影响到整个经济的增长率。至于为什么小企业未能得到政策的恩惠,主要是因为曾经对经济增长作出过积极贡献的集体小企业,或部分国有小企业在经过改制以后已转变为民营企业,而政府财政和金融部门面对的企业主体却仍然是国有企业,以及具有地方国有性质的集体企业,这种经济增长的实际动力源泉与政策实施的主要对象之间的不对称结构大大降低了政策的效果。

其次,随着企业改革的深化,小企业已越来越显示出大企业所无法替代的增加就业、稳定社会的功效。推进国有企业改革最大的障碍就在于职工下岗以后的再就业问题。如1999年全国国有企业下岗的人员累计达1200万人，同时这些下岗职工还要面对600多万城镇失业人口和大量来自农村的流动人口的就业竞争。在这样的就业压力下，长期以来并不非常重视小企业发展的各个城市政府部门开始意识到发展小企业对于推进国有企业改革，稳定社会就业所具有的重要价值。上海市政府出台了一整套小企业政策实际上是以解决国有企业下岗再就业问题为主要背景的，并明确提出要大力扶持科技创业型、都市工业型、社区服务型三种类型的小企业。其中社区服务型小企业其功能就在于能够有效地为下岗职工解决再就业问题。如上海在1999年一年中仅仅在绿化、保安、物业管理等方面就提供了6万个工作岗位。另据调查，全国7大城市社区服务可以吸收2000万名就业人员，而目前实际从事这一行业的就业人员只有1000万名，还有相当的潜力。

再是，对于高新技术的产业化，小企业已经成为极其重要的推进力量。舒马赫1974年出版的《小的是美好的》，从理论上说明了小企业的发展优势，这些优势在当今高新技术产业兴起的背景下已表现的越来越明显。据美国小企业管理局的统计，美国小企业的技术创新成果在数量上占到55%以上；20世纪对美国和世界有过巨大影响的65项发明和创新，都是由500人以下的企业或个人创造的。在我国，伴随着高新技术产业化趋势的来临，科技型小企业在最近几年也出现了前所未有的发展。尤其像北大方正、联想、远大、四通、东大阿尔派、上海复兴等高科技产业集团，从科技创新起步，在短短的十几年内就从一家家小企业迅速成长为全国闻名的大企业，显示出小企业在高新技术产业化过程中既具有不亚于大企业的发展优势，又具有成长为大企业的发展前景。

二、要为小企业提供更加积极的公共服务

一方面小企业在社会经济发展中具有举足轻重的影响，另一方面小企

业又存在着这样或那样的先天不足。厉无畏老师在多篇论文和多次演讲中都特别强调要为小企业提供更加积极而又实在的公共服务。他从理论和实践上阐述了为小企业提供公共服务的必要性。

一是小企业的特性所决定。与大企业相比，小企业因为规模狭小，资源有限，不可能在企业内部建立小而全的部门设置，所以更依重于社会的分工，其他部门的协作；小企业通常市场占有份额较低，其所处的市场环境几乎属于完全竞争，时刻存在着被市场淘汰的可能性，所以企业发展的稳定性较差，员工就业的稳定性也较弱；小企业在与大企业、银行和其他商业性机构的交易过程中，由于上述两方面的原因，交易条件明显不利，如在价格谈判、技术引进中容易受到大企业的利益损害，在申请贷款时容易受到银行的信用歧视，等等。这样一些特性决定了小企业即使具有灵活的机制、顽强的生存心理，但靠其自身却是难以改变其市场弱者形象的。因此如何帮助小企业弥补或消除种种先天不足就成为需要政府和社会予以特别关心的重要课题。

二是发达国家的普遍经验。从国外成熟的经验看，大多数国家在对小企业采取积极的政策支持同时，还建立了专门的服务体系为小企业提供各种社会化的服务。即使是那些自由竞争程度较高的发达国家，也不同程度地对小企业的发展采取了政策性的扶持。这是基于这样的政策理念，即任何经济总是存在"市场的失败"现象，如果忽视这些现象，必然会对经济的发展与社会福利的提高带来不利的影响。对于小企业，由于存在天然的底气不足，如信用能力低、技术薄弱、交易条件差等，如果单单依靠市场的调节，不仅不可能解决各个企业遇到的经营困难，而且容易导致不同规模企业的不公平竞争或过度竞争。很多发达国家不仅建立了发达的民间商业性服务体系，还建立了非常完整的具有政府色彩的服务体系。如美国有小企业管理局和遍布各地的小企业发展中心，日本有中小企业厅和中小企业事业团、中小企业信用保险公库、小企业指导中心等。特别是围绕高新技术的产业化，发达国家都建立了许多企业孵化器。企业孵化器帮助创业者把发明和成果尽快形成商品进入市场，帮助新兴的小企业成长壮大，形成经济规模，并为社会培养成功的企业和企业家，这种服务形式已被世界各国广为采用。

三、构建发达的小企业服务体系

厉无畏老师提出，讨论小企业服务体系建设问题，仅仅关注到如何建立一套新的服务体系，或者把现有的各种服务体系整合到一个统一体系中去这一点，是远远不够的。我们更应该把讨论的焦点放在如何使新的服务体系从一开始就具有高效率的运行机制与服务效果，放在如何使已有的各种服务体系经过调整与改革变得更加有效。他系统地提出了小企业服务体系的目标模式与框架：

第一，整个小企业服务体系应该是一个由五种类型的服务机构组成的社会化服务体系，并且各种类型的服务机构要形成明确的分工。这五种类型的服务机构即为政策性金融机构、公共服务机构、商业性服务机构、工商联服务机构与小企业信用担保机构。其中，（1）政策性金融机构应该包括专门从事小企业长期信用的金融机构与信用担保基金，具体执行国家的小企业融资政策；（2）公共服务机构包括由各级政府主办的小企业服务机构，以及属于全额拨款性质的科研机构，着重于为小企业提供需要比较普遍，比较经常化，同时具有集中优势，其他服务机构也不太愿意从事的服务，主要有信息服务、培训服务与一般性的技术咨询服务等；（3）商业性服务机构包括各种专业性比较强的咨询与中介机构，主要为小企业提供实用性、时效性强，同时能为企业带来明显效果，企业也愿意支付一定费用的服务，如投资项目评估、法律咨询、税务咨询、业务中介等；（4）工商联服务机构是由工商联组建的，具有民间性质的公益性服务机构，可以利用其比较贴近企业的优势，重点为小企业提供诸如企业信息交流、培训、企业诊断、政策咨询等方面的服务；（5）小企业信用担保机构应该是一个企业可以自由加入，具有专业性协会性质的服务机构，主要为加入的小企业提供资信评估服务，并为其贷款需要提供信用担保。

第二，政府对于各种类型的服务机构都应一视同仁，并扮演好协调者的角色。在上述五种类型的服务机构中，政策性金融机构与公共服务机构主要依靠政府的财政拨款维持运转。有了这一层关系，这两类服务机构就比较容易得到政府的照应，而其他三类服务机构更大程度上需要自力更生，尤其是商业性服务机构。但由于各类服务机构完全具有不同的属性与运行方式，他们互相之间的服务内容会有一些交叉，但总体上必然会形成一定的分工，各自提供的服务内容都会成为小企业服务需要中的一个不可缺少的环节。同时政府所能直接支配的服务资源毕竟有限，如果局限在政府系的服务机构，整个小企业服务体系伸展的空间将会是非常有限的。这就提出，政府在构筑小企业服务体系时，不能只重政府系这一块而忽视非政府系这一块，在政策考虑上必须把五种类型的服务机构放在同等重要的程度上。另外需要指出的是，政府虽然可以出面组建小企业服务机构，但应该有一个明确的定位，即政府并不是这些服务机构的直接领导部门，并不参与这些服务机构的具体运作。只有这样，这些服务机构才能为小企业提供更加有效的服务，同时政府也可以对其实施更加有效的监督与指导。

第三，政策性金融机构必须处理好执行小企业发展政策与防范信用风险的矛盾，并建立起为其配套的信用辅助体系。政策性金融与财政的最大差别就在于，前者对小企业的投入是一种信用行为，可以是低息甚至无息贷款，但受信单位必须归还贷款，这样才能保证国家投入的信用资金能够不断地发挥政策性支持的作用；后者更大程度上属于无偿支出，或政府投资，并不追求直接的经济收益。因此对于从事长期信用的政策性金融机构也好，还是信用担保基金机构也好，在为小企业提供信用服务的同时，应该形成一种既能积极贯彻国家的金融政策，又能保证信用资金安全的运转机制。目前对于政策性银行，已经有比较多的操作经验，但对于信用担保基金，还仅仅处于实践阶段，有许多问题尚待进一步的探讨。正如前面的分析中已经提到的，对于信用担保基金来说，防范风险与执行政策有时是一对难以处理的矛盾。基金本身既要显示其推进政策的一面，又必须把担保风险降低到最低点，如果仅仅局限于建立内部机制的话，要么建立庞大的资信评估部门，要么减少担保的数量，而这两点的结果要么增加政策成本，要么不能最大程度地发挥政策的实际作用。一个比较理想的途径就是要与小企业信用担保机构形成有机的结合，使这一机构成为专为信用担保基金配套的信用辅助体系中的一个重要组成部分。

第四，小企业信用担保机构要确立其出具担保与清理债务的功能。在发达国家，信用担保机构作为信用担保辅助体系的重要组成部分而受到高度重视。如日本承担小企业信用担保辅助工作的是分布于全国各地的小企业信用担保协会，由这些机构为那些担保能力不足或资信能力不足的小企业出具信用担保书，然后从信用保险金库那儿取得信用保险，从而可以使小企业比较方便地从金融机构处获得所需的贷款。当企业一时不能归还贷款时，信用担保协会就变成该项债务的承担者，根据与信用保险金库的协议取得相应的保险金并归还金融机构。同时信用担保协会又成为该企业的债权人，当该企业归还债务时，其资金通过信用担保协会归还信用保险金库。我们现在的信用担保基金类似于日本的信用保险金库，但还没有类似于日本信用担保协会这样的机构。根据发达国家的经验，今后需要重点建设的小企业信用担保机构，必须具备出具担保与清理债务的功能。后者即为代替贷款企业承担债务，同时从金融机构处受理其债权，由其承担起清理债务的职责。

第五，公共服务机构要有明确的服务定位，并在其内部建立起相应的激励与约束机制。既然称之为公共服务机构，从道理上应该说比较容易确定其服务的内容与方式。但在现实中比较容易发生的现象是，一些公共服务机构往往会利用其掌握的公共服务资源从事一些商业性的服务业务，以扩大本部门的经济收益。对于这种行为，很难予以全面否定。因为从计划经济转轨过来的市场经济，为小企业提供社会化服务曾经是，现在也是非常薄弱的环节。正是一些公共服务机构为了改善部门的收益状况，积极举办了一些商业性的中介服务机构，才使得现在的社会化服务体系有了一定的基础。问题是，利用公共服务资源从事纯商业性的中介服务，一定程度上是以牺牲公共服务为代价的。在现实中我们也不难发现一些小企业非常需要的公共服务却经常没有单位予以提供，或者即使有所提供，但服务的质量并不能满足大家的需要。至于认为这些公共服务机构会把商业性收益用于改善公共服务的状况，这仅仅是一厢情愿的事情。所以为了使公共服务机构真正做好公共服务的事业，即要有激励机制，又要有约束机制。所谓激励，就是要在运转经费，尤其是人员的收入方面要给予基本保障，对有些部门或人员更要给予优厚的待遇，从而确保服务供给的数量与质量。所谓约束，就是要框定服务的范围，保证政府配置的服务资源能够真正使用于公共服务的领域。

第六，商业性服务机构要实行完全的企业化经营，并确立行业性服务规范。企业化经营的基本特点就是独立核算，自负盈亏，并以收益最大化为目标。对于一般性的商业性服务机构，自然会形成企业化的经营机制，但对于部分从事业单位，甚至政府部门延伸出来的商业性服务机构，虽然从事的是商业性的中介服务，但其内部却一直与所属的母体保持着一定的依附关系。这种关系容易助长这些机构利用特权谋取利益，反过来也容易受到母体的不合理干预。所以对于这种类型的商业性服务机构，必须与母体分离，实行完全的企业化经营。再一点是，商业性服务机构为小企业提供的服务，其质量虽然可以通过市场供求关系的变化进行约束，但因为有些服务属于软性的，并不像具体的产品那样看得见，摸得着，有一套评判

中小企业与经营管理研究

51

的标准，因此要让那些并不拥有专业人员的小企业自己来判断好坏，是不实现的。要保证服务的质量，必须确立一套行业性服务规范，促使商业性服务机构做到自我约束。

第七，要重视区域性小企业联合会的组织，使其具备下情上达与服务双重功能。不仅要动员小企业加入行业协会，还要鼓励组建区县、街道乡镇层面的区域性小企业联合会。特别是建立具有服务功能的小企业协会组织，对于提高小企业的组织化程度具有重要意义。

（作者为上海社会科学院副院长、研究员、博士生导师，1998—2000年在上海社会科学院应用经济博士后流动站学习，师从厉无畏先生。）

以创新理念启迪企业发展

——厉无畏经营管理研究成果丰硕

王玉梅

我于1992年进入上海社会科学院部门经济研究所工作，自此，有幸跟随厉无畏老师从事企业经营管理和产业政策的研究。

厉无畏老师在产业经济、经营管理、数量经济与统计、创意产业等多个领域取得丰硕的研究成果。仅在经营管理领域他就出版了7本专著，发表了100余篇论文，研究成果先后获得"新时期全国优秀学术成果一等奖"、"上海邓小平理论研究与宣传优秀成果著作一等奖"等诸多奖项。纵观厉老师在经营管理领域的研究成果，可以发现前瞻性、通俗性、实用性贯穿始终。

一、前瞻性：准确把握时代脉搏 敏锐提出创新观点

上世纪末本世纪初，全球经济、科技、社会各个领域的变化日新月异，企业所处的环境愈加复杂：伴随着信息技术和知识经济的迅猛发展，经济全球化的进程持续加快，国际范围内的市场竞争日趋激烈。与此同时，人们的价值观念、生活方式和消费理念也在不断变化。这一切变化使得传统的经营管理理论、管理思想与管理方法难以适应现时企业的生存与

发展需要。厉无畏老师敏锐地洞察到时代变迁带给企业经营管理理念的冲击，先后发表了《危机管理在企业》（1996）、《企业经营新战略——机会管理》（1998）等论文，前瞻性提出了经济体制在向社会主义市场经济转变中，企业应尽快从程序性的生产管理转向机会管理、风险管理和危机管理等对不确定性的管理等创新观点。

厉老师指出随着我国加入WTO，市场、技术、战略、社会、政治等各方面的不确定因素此起彼伏，曾经一贯行之有效的经营管理方法在新变化面前显得力不从心。在动态环境中生存的企业，面对大量的不确定因素，仅仅通过程序性的管理手段如组织、领导与控制来保证计划目标的实现是不够的，还必须不断调整系统活动的内容和目标，以适应环境变化的要求。企业高层经营管理人员必须学会如何捕捉市场机会，并把市场机会变成企业的经营机会；必须学会分析风险问题，既要敢于冒风险，又要善于规避风险、分散风险；必须学会分析和处理突发的危机，做到临危不乱，化险为夷。厉老师的观点提出若干年后，2003年春天我国爆发的"非典"疫情，给我国正常的经济社会生活秩序带来巨大威胁也唤醒了各行各业的危机管理的紧迫感，从这以后学界才开始集中研究危机管理。

1998年他发表论文《知识营销是知识经济发展的必然要求》，认为知识经济时代的到来必将在很大程度上改变人们的生产方式和生活方式，知识不仅是重要的生产要素，也是重要的消费资料。因此企业管理的重点将从生产转向研究开发，从对有形资本的管理转向对知识的管理，率先提出知识营销是知识经济社会的必然要求，知识营销将成为企业获得市场成功的重要营销方式的新颖观点。

进入21新世纪，面对新世纪的新挑战，他把目光投向创新机制、文化战略和创意产业，先后发表论文《创新是社会发展和经济进步的关键》（2000）、《论产业文化化》（2004）等，提出了对创新本质的认识，认为"创新，就是消化和否定已学到的知识架构，把知识的单元进行裂变和重新组合"，还颇有创意地提出社会和企业都要"建立'五力'推动的创新机制"，即建立优胜劣汰的竞争机制，以产生压力；建立有效的激励机制，以产生动力；鼓励学习，以产生持久不断地创新耐力；培育广泛的协作精神，以产生合力；创造宽松的文化氛围和精简的组织管理结构，以产生活力。此外，还预测并勾勒出国家的创新体系，主要包括知识创新、技术创新、经营创新以及制度创新。厉老师在报刊上发表了一批文章，进一步论述了观念价值在经济价值构成中所占的重要"分量"，深入探讨了"产业文化化"的内涵，即"以文化的凝聚力、渗透力和辐射力来增强企业的竞争力，提高产业附加值的过程"，对于企业开拓市场来说，"文化"是一种强大的内驱力，企业的文化力将成为未来企业的第一竞争力，建议企业在经营管理中要运用文化资本，推进品牌战略，用智慧和文化重新组合技术，使它们在最佳组合下得到激活，从而产出更大的价值。提出"文化是利润的源泉，品牌是竞争的利器"鲜明观点。

2004年，厉无畏老师将前10年关于经营管理的思考重新梳理完善，推出专著《创新经营》，深入剖析了企业创新经营的理论与实践，通过大量案例，剖析了企业经营管理面临的新问题，提出了"价值链分解与整合、产业文化化、机会管理、风险管理、危机管理、知识管理、知识营销"等企业经营新战略，这些经营管理思想直到今天对企业创新经营仍然具有现实指导意义。

二、通俗性：深入浅出论经济　生动形象谈经营

厉无畏老师是一位严谨、睿智且有独到见地的经济学家，同时也是一位幽默、风趣善于表达的演讲家。把错综复杂的经济和管理问题，用通俗易懂的文字、生动形象的言语表达出来，不仅需要深厚扎实的经济学、管理学理论功底，同时也需要驾驭自如的语言表达能力。用通俗语言讲出高

55

深学问，是厉老师令很多人佩服不已的功力。

20世纪90年代，随着要素市场的相继建立，一些专家提出了资产经营的思路，许多企业通过资本市场筹集资金，即：通过对资产的置换、转让、重组，实现资产的增值。而厉老师则指出，这种对企业自身拥有的有形与无形资产的经营方式具有一定的局限性。针对当时社会供给相对过剩、社会生产能力利用不足，许多企业感到压力很大、不知所措的情况，他率先提出了实现企业从"产品经营—资产经营—社会资源经营"三次飞跃的新思路。厉老师用简单直白的语言通过一系列浅显的案例讲清了深奥的经营管理理论。先后在《经营新方式：资源整合 市场组装》（1999）和《入世，民营企业的应对》（2001）两文中写道：现在有些企业只看到社会上生产能力过剩，作为企业家，应该看到另一方面的问题，就是可以为我所用的社会资源大大增加。比如生产能力，目前很多企业的生产能力闲置在那里，有些能力没有充分利用，而想办法把这些闲置生产能力利用起来，是企业家在创新经营中应做的。大家可以经常看见许多疾驶的印着"**"公司广告牌的卡车，但这些卡车都不是"**"公司的，该公司没有自己的车队，但是"**"的产品可以送到全国任何一个角落，随时随地都有卡车为它服务。为什么？原来它租用了很多别的公司闲置的卡车；又如河北出产的"**冰茶"的年销售额达到15亿元，但它没有自己的生产线，而是在全国租了30条生产线，哪里有市场，它就在哪里租生产线。这些例子告诉我们"你不仅仅要经营好你的资源，你还要想办法用好别人的资源。其实，社会上有许多可以利用的资源，关键是你设计出一个什么创意来把这些资源整合起来，要以尽可能少的资本投入，利用一切可以利用的社会资源，经过一定的创新活动，如设计、加工、制造、包装、重组、交易、置换等使之增值，并实现增值。所以，对经营要有新的认识"。

财经文字都有阅读门槛，经济学专著更是深奥难懂，这是社会大众对财经文字和经济学著作的普遍成见。厉老师观点鲜明、通俗易懂、案例丰富的论文和立意深远、生动谐趣、深入浅出的报告一扫社会大众的这种成见，许多地方政府、企事业单位纷纷盛请他去做报告。1998年东南亚金融危机爆发后，厉老师在全国政协大会上作关于"关于防范金融风险的若干建议"的大会发言，著名经济学家吴敬琏递了一张纸条给厉老师，纸条上写着"你用很简洁的语言把复杂的经济问题讲得那么清楚，令人佩服、佩服"。

三、实用性：理论联系实际　实践成效显著

作为学者，学术和理论研究是厉老师的本职。但对于做学问，厉老师不主张空守书斋，而注重走出深宅大院，用知识、用思想、用智慧为政府、为社会、为企业做出贡献。他认为学术和理论要来自中国经济社会发展的实践，又要回到经济社会发展实践中去，他强调研究成果的实用性，强调研究成果必须为经济、社会、企业发展服务。

针对国内企业恶性竞争激烈的态势，厉老师发表论文《关系营销与营销关系》（1994），将20世纪90年代初在西方企业兴起的一种新的经营理论——关系营销与我国企业发展实际相结合，提出关系营销是时代发展的必然产物。关系营销，以系统论为基本指导思想，将企业置身于社会经济大环境中来考察企业的市场营销活动，认为企业营销是竞争者、政府机构和社会组织发生互动作用的过程，正确处理与这些组织和个人的关系是企业营销的核心，是企业成败的关键，其本质是以服务顾客为导向，协调营销系统中诸要素的关系，从而创造一个良好的市场营销环境，使企业达到占领并扩大市场份额的目的。关系营销并不是指庸俗的"酒肉关系"，它是营销理论的新发展，即从分析购销双方的各种关系入手，通过建立和推进不同层次的营销关系，达到发展市场，并创造"忠诚"的客户来巩固

市场的经营目标。而传统的营销学往往缺乏对营销关系的系统研究，偏重于发展新客户，而忽视如何去建立客户对本企业的"忠诚"。大量的事例表明，一旦形成"忠诚"的，那么仅靠一般的"灵活财务手段"，诸如回扣、奖励之类的小恩小惠是难以使他们"变心"、"跳槽"的。联系我国企业的实践，他指出企业实施关系营销战略的途径：挖掘产品文化内涵，增加营销活动的知识含；注重与消费者形成共鸣的观念价值；加强营销队伍建设，以培训知识为中介，使营销活动更适应高文化技术含量产品的推销，更适应产品智能化与个性化的发展要求。

本世纪初，国内企业的兼并重组和地区内的产业整合进行得如火如荼，出现了部分企业片面追求规模，盲目地做大做全而忽视增强企业核心竞争力的现象，也出现了一些地方政府动用行政力量进行"拉郎配"，导致了一些无效率或低效率并购现象。针对这些经济现象，厉老师发表了论文《价值链的分解与整合——提升企业竞争力的新战略》（2001），指出企业应更多地从积极参与国际和国内分工的角度来考虑自己的生产调整和发展问题，应该实施价值链分解与整合战略来使自己立于不败之地。价值链分解与整合战略是指几家甚至多家企业在一个完整价值链中，各自选取能发挥自己最大比较优势的环节，携手合作，共同完成价值链的全过程，从而最大幅度地降低最终产品成本，实现更高的增值效益。企业经营的核心是用最小的投入获得最大收益，采取价值链分解与整合战略能使企业获得最大的投入产出比。在新形势下，每个企业都应根据自身的特点和市场的变化建立并优化新的价值链分解与整合战略。具体的做法一是分解——强调做精、做强，而非做大、做全。企业应保留并增强优势环节，分离非优势或非核心环节，要摈弃"肥水不流外人田"的陈旧观念，树立广泛的协作精神；二是整合——设计新的价值链，广泛利用社会资源；三是注重发展"中场产业"。"中场产业"指能提供高性能材料和高性能零部件等中间性、关键性的产业群，"中场产业"是价值链的核心环节，如同足球运动中的中场队员，起着承前启后的作用，是全场的核心，是整个价值链中，技术含量较高，增值量较大的环节。其优势在于：它与特定产品之间并无明确的对应关系，可参与多个价值链的形成，因此具有相对较稳定的市场，更适应国际分工格局；而且这一产业群里的技术革新比较活跃，应用高新技术易使其成为附加值较高的产业。在当前产业结构和产品结构调整的过程中值得业界关注。比如上海家电行业专注屏幕彩色显像管、压缩机、集成电路等高附加值中场环节，从而保持了较高的经济效益；四是增强服务——从单纯的制造业向与服务业相结合的发展方向转变。企业的技术、管理模式、营销手段、营销网络、商誉品牌、运输仓储、维修网络等等，都可以包装成服务产品输出，让它们参与更多的价值链过程，从而为企业创造更多的效益，使企业成为制造业和服务业融合发展的新型企业。

厉老师不仅用文字表述理论联系实际形成的学术观点，还通过作报告的形式传播这些观点，提出的具体举措和解决方案切实可行，操作性强，许多听过报告的企业家按照厉老师指出的方法重新审视自己的经营管理战略，有的回去就活学活用，获得了成效，纷纷赞叹实用、管用。厉老师一直以求真务实的态度从事经济研究，还在部门经济所倡导"研究、咨询、培训"三结合的社会服务机制，认为理论研究要与实践相结合，通过为政府和企业提供咨询服务来检验研究成果的有效性，通过培训来传播研究成果，同时借咨询和培训的机会了解社会实践，发现实践中的热点、难点问题，从而进一步促进理论与实践的结合。鉴于厉老师在经营管理领域的成就，他还被邀请兼任了上海社科院经济、法律、社会咨询中心主任（1994—1997），东华大学旭日工商管理学院院长（2002—2008），上海管理科学学会理事长（2003—2008）。

厉无畏老师总是能以一个经济学家的敏锐嗅觉，发觉即将到来的经济发展趋势和企业经营管理变革，随着社会经济形势的发展，厉老师的学术视角、研究方向在调整变动，但万变不离其宗，前瞻性、通俗性、实用性始终一以贯之。

（作者为上海社会科学院部门经济研究所副所长、研究员、博士生导师，2002年攻读上海社会科学院产业经济学博士学位，师从厉无畏先生。）

产业经济学研究与研究生培养

厉无畏先生在产业经济学领域的研究独树一帜，以"新之、简之、乐之"为特色。1999年上海社会科学院产业经济学博士点成立，厉先生担任博士点负责人，他亲自授课，指导学生学习和调研，并共同编写产业经济学著作，每年出版一本关于产业经济学热点和前沿问题的专著。厉先生自成一体的治学之道，不仅创新了产业经济学的研究体系，也培育了众多优秀的学生，带领他们走上了成才之路。《复杂的产业经济学与简单的一二三四五》和《又有风雨又有晴》两篇文章从学生的视角感悟厉先生的治学经验和为师之道。

复杂的产业经济学与简单的一二三四五

——自成一体的治学之道

王慧敏

　　认识厉先生是1987年，那年我刚跨出校门踏进社会的大门，被分配到了上海社会科学院部门所，一个与大学不同却又充满了学术氛围的科研机构，当时对部门所的一切都感到很新鲜，其中最让我感到新奇的是部门所颇具神奇的"四大金刚"传说，据说他们个个都是身怀绝技的"武林高手"，社科院的"黄埔一期"，部门所的"万元户"，作为"四大金刚"之首的名人，厉先生给我们年轻后辈的印象用现在流行的词语就是所谓的"高富帅"。

　　上世纪90年代，厉先生担任部门所所长，由于我们科研人员不坐班，在所里见到厉先生的机会比较少，当时对厉先生的了解更多的是通过电视新闻等媒体，知道厉先生先后当选民革中央副主席、上海市政协副主席、上海市人大副主任等等，同时在各种报刊不断看到厉先生发表的富有创新性的学术见解，作为著名经济学家，如同打通经济学"任督二脉"（理论与实践）的通才，厉先生让我们年轻后辈感受到了一种强大的学术气场，可敬而不可近。真正学习和了解厉先生的学术思想是2000年之后，那年我考入部门所在职研究生，师从厉先生攻读产业经济学博士学位，从理学硕士到经济学博士是我人生的一次飞跃，在厉先生悉心指导下，不仅对产业经济学有了全新的认识，也对厉先生治学的思维、态度、方法有了深入了解，感悟颇深的是厉先生自成一体的治学之道。

一、自成一体的治学之道："新之、简之、乐之"

国学大师王国维在《人间词话》中曾描述过学问三境界："古今之成大事业、大学问者，必经过三种之境界。'昨夜西风凋碧树，独上高楼，望尽天涯路'，此第一境也；'衣带渐宽终不悔，为伊消得人憔悴'，此第二境也；'众里寻他千百度，蓦然回首，那人却在灯火阑珊处'，此第三境也。"毫无疑问，作为一个成功的学者，想必厉先生在做学问的过程中也经历了几重境界，作为一位有幸跟随厉先生学习理论、撰写论文、研究课题的学生，体会是：厉先生在做应用经济研究中自成一体，形成了"新之、简之、乐之"的特色。

（一）新之

所谓"新之"，即推陈出新，以进取的精神，博采众长，不断创新学术思想，不断创新实践经验，形成独树一帜的学术风格与思想体系。

悉心学习厉先生的学术思想，不难发现其与时俱进的创新精神和学术思考，在我国经济发展实践"摸着石头过河"的不同发展阶段，他总能适时地提出自己独特的见解，为我国经济实践的决策出谋划策，某种意义上来说厉先生的学术思想是随着我国改革开放的实践不断创新和发展起来的。从上世纪80年代早期的乡镇企业发展，到90年代初期的国有企业改革，90年代中期的区域规划、90年代后期的产业经济学、21世纪初的创意产业、到当今的文化强国，等等，厉先生都以其敏锐的思维发现问题，以其创新的思想助解问题，以其真知灼见丰富学术、贡献社会。

以我的理解，厉先生能够"独上高楼，望尽天涯路"的独门秘籍是"两大法宝"——学习与实践，其"新之"的"新"体现在三重创新，一

产业经济学研究与研究生培养

是在学习中对理论的创新，二是在实践中对应用的创新，三是在理论与实践相结合之"结合部"的创新，有了这"三创"的支撑，创新灵感源源不断，厉先生总能率先"摸着石头"先"过河"也是情理之中。

（二）简之

所谓"简之"，即化繁为简，以简单的表达和通俗的语言阐述高深的学术理论，以敏锐的洞察和干练的思维解决复杂的现实问题。

熟悉厉先生的学者都知道，厉先生有深厚的数量经济学功底，是建立数学模型的高手，同时他又是一位文采出众的诗人，名言佳句信手拈来，但在学术研究中，厉先生却不故弄玄虚，而是倡导"简之"。他的学术文章总是给人一种清新的气息，没有繁琐臃肿的八股，没有哗众取宠的新名词，读来不累，学来不俗，却又不乏深刻之思想，深奥之道理。

俗话说，大道至简，"武术高手在搏击时总是一招制敌，击中要害，绝对不会大战300回合才击倒对手；高明的医生总是一针见血，药到病除，绝对不会开乱七八糟的药物骗钱；精明的商人总是一招领先，步步领先；高人指点总是一语道破天机，不用太多言语"。可见，"简之"也是一种境界，在这重境界中，尚待考证厉先生是否也曾"衣带渐宽终不悔，为伊消得人憔悴"，因为每次在公众场合见到的厉先生总是神采奕奕，全然看不出半点的"憔悴"，但可以肯定的是，"简之"已经成为厉氏招牌，得到学者、政府、企业、社会、学生等的一致认同与赞赏。记得上世纪90年代吴敬琏在全国两会上听了厉先生的发言后，深深被厉氏招牌所折服，当即给厉先生一封手函，上面连写三个重复的词："佩服！佩服！佩服！"

厉先生的"简之"不是线性式的减负和减法，而是伴随着自主创新和本土化的再升华。比如产业经济，厉先生将其提炼和创新为"一、二、三、四、五"的简化体系，又如创意产业，源自英国，厉先生率领自己的研究团队，将其本土化，建立了具有中国特色的文化创意产业理论体系，

64

等等。

（三）乐之

所谓"乐之"，即以此为乐。孔子在《论语》中曰："知之者不如好之者，好之者不如乐之者。" 道出了学问之三层境界：知 、好、乐，而"乐之"可谓是做学问的最高境界。熟悉厉先生的同仁都有一个共识：他是一个快乐的人，风趣而幽默，哪怕七十古稀之年，仍然耕耘不息，即使身居高位，依然为学术奔忙，乐此不疲。与其说学术研究是他30年来一直孜孜不倦的工作和职业，还不如说是他的一种生活方式，一种人生价值的追求。

厉先生的"乐之"包含两方面，一是倡导快乐。快乐工作是厉先生担任部门所所长时的"执政理念"，这种宽容宽松的快乐工作氛围，充满了人性化，令人愉悦，不仅成为部门所多年来的企业文化，也招人羡慕，使部门所因此成为社科院最令人向往的研究所之一，不少青年才俊纷至沓来；二是分享快乐。厉先生善于与大家共同分享取得学术成果的快乐，不仅常常与我们年轻人交流他在研究中形成的新观点、新思想、新成果，更亲自带着我们一起撰写和发表学术论文，那时，部门所大约一半以上的年轻科研人员都曾与厉先生一起署名发表过学术论文，记得我在《学术季刊》、《中国工业经济》等核心刊物上发表的第一篇论文就是厉先生指导下完成的，以帮带发表学术成果的方式，厉先生与我们分享了科研特有的快乐。

寓乐于研究生涯之中，寓乐于事业成就之中，寓乐于学习探索之中，既是厉氏之公开秘诀，也是研究至高之境界。世界上最幸福的事莫过于从事让自己快乐的工作，从这个意义上来说，厉先生是令人羡慕的幸运儿；然而，也只有不断耕耘、潜心修炼，才能享受到来自内心与精神的愉悦，从这个意义上来说，厉先生是令人敬佩的思考者和开拓者。

"众里寻他千百度，蓦然回首，那人却在灯火阑珊处"是一种境界，也是那些真正经受过学术历练的佼佼者才能体会到的一种无穷美妙的感受，相信厉先生便是其中一员。

二、产业经济学之厉体："一、二、三、四、五"

产业经济学是一门涉及产业组织、产业关联、产业结构、产业布局、产业政策等纷繁内容的应用性学科，国内外学者在产业经济学领域有所建树的不少，但把复杂的产业经济学简化为"一、二、三、四、五"的则不多见。所谓"一、二、三、四、五"是指"一条价值链"、"两种价值"、"三大趋势"、"四种效益"、"五度空间"。俗话说："12345，上山打老虎"，产业经济学一二三四五之厉体，既新之，又简之，可谓是厉先生驰骋学术界的"秘密武器"，使其能够无畏地游刃于理论与实践之间。

（一）一条价值链

价值是一切经济活动的基点，厉先生将其作为研究产业经济学的基石，较早地运用价值链理论研究产业的增值和企业的价值创造。

价值链理论由哈佛大学商学院教授迈克尔·波特于1985年提出，对于这一新概念，厉先生敏锐地意识到其对我国产业发展实践的积极意义，特别是对企业战略调整和发展的指导作用，就价值链进行了本土化的"新之"。发表在《经济管理》2001年第3期上的论文"价值链的分解与整合——提升企业竞争力的战略措施"就是研究成果之一，该文从价值链的形成、分解、整合及其价值链分解与整合战略的应用等进行了系统阐述，提出了令人耳目一新的观点。

论文认为，价值链本身具有分解与整合的动态特征，随着技术的不断进步，产品加工程度提高，市场范围扩大，社会分工更加细化，使价值链的增值环节变得越来越多，出现不断分解的趋势，产业价值链的结构也趋于复杂。企业是产业运行的基础，企业的任务就是不断的创造价值，通过对分解出的价值链环节进行整合，企业可以创造新价值。

论文提出，价值链分解与整合已成为一种经营战略，几家甚至多家企业在一个完整的价值链中，各自选取能发挥自己最大比较优势的环节，携手合作，共同完成价值链的全过程，从而能够最大幅度地降低最终产品成本，实现更高的增值效益；单一企业也可以从自己的比较优势出发，选择若干环节培育并增强其竞争能力，也即核心竞争能力，重新建立起自己的优势地位。

论文从企业发展的战略选择角度，就如何应用价值链的分解与整合战略提出了三个创新观点：一是强调做精做强，而非做大做全，认为企业应重新审视自己所参与的价值链过程，集中力量培育并发展自身的竞争优势，同时把非核心环节剥离，利用市场寻求合作伙伴，共同完成整个价值链的全过程。二是广泛利用社会资源，整合设计新的价值链，关注技术含量较高、增值量较大的"中场产业"，形成附加值较高的产业。三是从制造业向生产性服务业的转型。企业在价值链中，不仅要输出高质量的产品，还应该增强高质量服务环节的输出，如企业的技术、管理模式、营销手段、营销网络、商誉品牌、运输仓储、维修网络等等，都可以作为服务产品进行外包输出，参与更多的价值链过程，为企业创造更多的效益。

（二）两种价值

厉先生对于价值进一步的深化研究，体现在分别从人与物两个不同的角度，辩证地分析，相应地提出了"两种价值"的新观点，并运用于产业经济学的发展之中。

1. 生产性劳动价值和知识性劳动价值

对劳动价值的深化研究是基于"人"的视角，提出了知识劳动与生产性劳动同样创造价值的新观点。在《毛泽东邓小平理论研究》2002 年第 2 期厉先生发表了"深化认识劳动价值理论，改革我国收入分配制度"的论文，详细阐明了劳动价值可以分解为两种不同的价值：生产性劳动价值和知识性劳动价值。

论文对劳动价值论在四方面进行了"新之"：一是对知识劳动的认识，认为生产性劳动的形式已经发生了巨大的变化，劳动已不仅仅是体力的支出，而主要是脑力的支出，知识劳动能够创造出巨大的价值；二是对物化劳动和知识化劳动的认识。认为知识化了的劳动是通过活劳动间接地创造了新的价值，在创造价值的过程中发挥了极为重要的作用。因此，我们在考虑收入分配问题时，必须考虑知识产权的问题；三是对各生产要素互相不可替代作用的认识。在生产过程中，劳动力、资本、土地、技术、信息等都是生产要素，发挥着互相不可替代的作用，并且对物质财富的创造作出了各自的贡献；四是对价值规律调节各生产要素参与分配的认识。认为通过市场价格和供求杠杆，不仅最能真实地反映价值，而且还能引导生产要素的优化配置。

论文基于对马克思劳动价值理论的再认识，提出改革收入分配制度的应用性建议。一是政府应把宏观调控政策调整到"促进中等收入层成长"的目标上来；二是真正把按科学技术和经营管理的分配作为按要素分配的主要突破口，支持探索经营管理要素和知识技术要素参与分配的新形式；三是努力把按劳分配与按生产要素分配结合起来，作为改善普通劳动者收入水平的主要途径；四是切实把强化收入再分配作为收入分配中实现社会公平和总体目标的主要举措。

2. 功能价值和观念价值

对商品市场价值构成的研究是基于"物"的视角，厉先生在多篇论文和演讲中提出了功能价值和观念价值的新论点，在《创意改变中国》一书中，则对此进行了系统性详析。

厉先生认为，从消费者的角度看，产品市场价值系统由功能价值（function value）和观念价值（concept value）两个部分构成。

所谓功能价值是消费者为满足自己基本需要时愿意给商品物理属性支付的价格部分。它由科技创造而成，是商品的物质基础。

所谓观念价值是指人们在消费商品物理属性的同时，因商品内在的文化属性、象征意义以及个人因消费商品所带来的感受和体验等方面的差异而愿意多支付的价格部分。观念价值是商品中包含的能与一些社会群体的精神追求或文化崇尚，产生"共鸣"的无形附加物，譬如品位、意味、风尚、情趣等。观念价值是主观的、可以体会和感受的无形附加物，因文化创意渗透而生，是附加的文化观念。

此后，厉先生对功能价值和观念价值进行了深化研究，作为其建立文化创意产业学科体系的理论基础之一，提出了创意产业创造观念价值，激发消费需求，实现价值创新，实施蓝海战略等一系列重要论点，奠定了在创意产业研究领域的领军地位。

厉先生关于"二"的"新之"和"简之"，还包括"两种资源"、"两轮驱动"。

"两种资源"

资源是一个宽泛的概念，可以大致分为主体和客体两大类。

主体资源是指人类自身积累的无形知识和财富，包括人本身的创造力资源，以及由人类创造出来的一些非物质成就，如文化遗产、精神思想和技术成果等；客体资源是指由自然界赋予的有形物质资源，如矿藏、土地等，以及人类开发利用后的一些物质载体资源，如厂房、耕地、能源等。一般来说，传统产业所开发和利用的资源大都属于客体资源，而创意产业的思维是注重开发主体资源，通过创意把无形资源转化为推动经济发展的资本，这种再生资本具有低消耗、高附加值等多种特点。

"两轮驱动"

科技创新和文化创意是现代经济增长的双引擎，前者是硬实力产业，后者是软实力产业，真正能发挥巨大能量的是文化因素和科技含量有机融合的综合创意产业。创意产业倡导的是一种"双创"发展观：科技创新和文化创意两驾马车并驾齐驱。

如果将文化创意比喻为指挥产业发展的"头脑"，那科技创新就是维护产业发展的"能量"和"营养"，用专业术语来讲，文化创意为产业提供"效用"，即决定做什么，而科技创新则为产业提供"效率"，即如何来做。从这个角度来理解，文化创意引领产业发展，科技创新为产业发展提供支撑体系。

（三）三大趋势

21世纪全球化、信息化、市场化的浪潮深刻改变了产业发展轨迹，厉先生对产业经济学的动态演进十分关注，从研究产业的发展趋势入手，分别在《学术季刊》2002年第2期和《中国工业经济》2002年第4期发表了"国际产业发展的三大趋势分析"和"产业发展的趋势研判与理性思考"两篇论文，提出集群化、融合化和生态化是21世纪国际产业发展的三大新趋势，认为这既是产业内在发展规律在实践中的具体体现，也是产业发展对当今国际经济新特征和新变化的一种动态注释。

三大趋势对现代产业增长方式和产业组织模式的新变化进行了全景式的前瞻性论述，论文发表之后，引起了众多著名学者的关注，以致产业集群、产业融合和产业生态成为后来国内产业经济学界的热点研究领域。可见，厉先生的"新之"还体现在其始终能够"快一拍"地占领学术前沿，之后在创意产业领域的研究亦是如此。

1. 集群化——产业发展的集聚趋势

论文认为，集群化是产业呈现区域集聚发展的态势，其崛起是产业发展适应经济全球化和竞争日益激烈的新趋势，为创造竞争优势而形成的一种产业空间组织形式，它具有的群体竞争优势和集聚发展的规模效益是其他形式难以相比的。论文阐述了产业集群化提高产业竞争力的三大机理：共生性、互动性和柔韧性。①共生性是指产业集群内众多的企业在产业上具有关联性，能共享诸多产业要素，包括专业人才、市场、技术和信息等，一些互补产业则可以产生共生效应，集群内的企业因此获得规模经济和外部经济的双重效益。②互动性是指产业集群内的企业既有竞争又有合作，既有分工又有协作，彼此间形成一种互动性的关联，这种互动形成的竞争压力、潜在压力有利于构成集群内企业持续的创新动力，并由此带来一系列的产品创新，促进产业升级的加快。③柔韧性则是由于集群内集聚了大量的经济资源和众多的企业，一方面高度聚集的资源和生产要素处于随时可以利用的状态，为集群内的企业提供了极大的便利，降低了企业的交易成本；另一方面大量企业的存在也使集群内的经济要素和资源的配置效率得以提高，达到效益的极大化。产业集群内自发形成的这种经济资源与企业效益的良性运作，增强了集群适应外界变化的能力，使产业集群具有一般经济形态不可比拟的柔韧性，造就了产业集群持续繁荣不衰的优势。

2. 融合化——产业发展的相互渗透趋势

论文指出，融合化是国际产业发展的又一趋势。产业融合是指不同产业或同一产业内的不同行业相互渗透、相互交叉，最终融为一体，逐步形成新产业的动态发展过程。高新技术及其产业的发展是产业融合的强大助推器，1＋1＞2的生产效率和经济效益则是产业融合的高能发动机。

产业融合表现为产业间的渗透发展，你中有我，我中有你，产业界限趋于模糊，新兴产业不断产生。论文概括了产业融合的三种主要方式：①高新技术的渗透融合，即高新技术及其相关产业，向其他产业渗透、融合并形成新的产业。②产业间的延伸融合，即通过产业间的功能互补和延伸实现产业间的融合，这类融合通过赋予原有产业新的附加功能和更强的竞争力，形成融合型的产业新体系。③产业内部的重组融合。工业、农业、服务业内部相关联的产业通过融合提高竞争力，适应市场新需求，这种融合最终产生了新的产业形态，其过程既包括技术创新，又包括体制和制度创新，其结果是促进了产业的升级换代。

论文还对产业融合的形成机理和作用进行了分析，指出产业融合是社会生产力进步和产业结构高度化的必然趋势，产业间的关联性和对效益最大化的追求是产业融合发展的内在动力，而技术创新和技术融合则是当今产业融合化发展的催化剂。在这一轮新技术革命中，技术进步与传播的速度明显加快，技术应用的范围显著扩大，技术融合的程度不断加深，这些特征在宏观上导致了国际经济结构的加速重组和整合，在产业层面上则导致了产业融合发展的新趋势。

论文提出了"产业融合发展直接促进了产业创新"的论点，10年后的今天这仍然是现代产业发展的重要特征。认为，"在产业融合基础上形成的新产业、新产品成为经济发展的新增长点，它加快了产业结构升级的步伐，也使企业获得更多的商机和市场，从而带动了整个经济的持续繁荣。"，并指出，"产业融合的新趋势对我国经济新一轮的发展具有重要意义。"

3. 生态化——产业发展的持续趋势

论文对产业生态化的全新概念、发展意义进行了分析。认为生态化是产业依据自然生态的有机循环原理建立发展模式，将不同的工业企业、不同类别的产业之间形成类似于自然生态链的关系，从而达到充分利用资源，减少废物产生，物质循环利用，消除环境破坏，提高经济发展规模和质量的目的。

论文还提出了产业生态化的区别于传统生态环境保护的三个显著特征。①循环性，即按照自然生态学原理而建立的产业体系，具有循环的特征。它运用生态学规律，把传统的由"资源—产品—废物"构成的物质单向流动的生产过程，重构组织成一个"资源—产品—再生资源—再生产品"的反馈式流程和"低开采、高利用、低排放"的循环利用模式，使经济系统和谐地纳入到自然生态系统的物质循环过程中。产业生态化发展模式中，没有了废物的概念，每一个生产过程产生的废物都变成下一生产过程的原料，所有的物质都得到了循环利用。②群落性，生态产业具有类似于生物群落的群落特征，它是一种由多个彼此相关联的企业共同组成的产业共生系统，群落内的企业互相进行合作，特别是相互利用废料，使群落内的总体资源得到最优化利用。③增值性，成功的产业生态共生系统，其形成是一个自发过程，是在商业基础上逐渐形成的，系统内所有企业都从中得到好处，取得增值效应。生态产业摒弃了传统产业发展中把经济与环保分离，使两者之间产生矛盾冲突的弊端。真正使发展经济与防治污染保护环境有机地结合起来，实现了双赢，这种共生系统所产生的高质环境和经济效益是其得到推崇的根本原因。

论文进一步对产业三大发展趋势形成的内在动因与机制作了四方面的分析：①产业效率的驱动。产业效率最大化既是产业发展内在规律的作用结果，也是产业集群化、融合化和生态化形成的内在驱动力。无论是产业集群化、融合化，还是产业生态化，其本身即是一种适应时代发展的高效率的产业组织形式，集群是产业聚集的空间组织形式，融合是产业相互渗透的一体化组织形式，而生态化则是产业持续的循环组织形式。产业效率是这些组织形式得以形成的根本原动力。②科技创新的推动。技术进步是产业变革和进化的核心力量，新技术的广泛应用不仅会形成新的产业群体，同时还会产生与此相适应的产业组织形态。产业的集群化、融合化和生态化就是在第三次世界新技术革命的推动下，国际产业呈现出来的与其相适应的组织形态。③产业竞争的促进。全球范围内产业竞争的加剧是推动产业发展呈现集群化、融合化和生态化发展趋势的重要因素。产业的全球化发展使产业结构在世界范围内调整和升级，产业组织在世界范围内竞争和垄断，产业要素在全球范围内自由流动，国际产业链在全球范围内延伸，国际产业体系在全球范围内形成，在这样的大背景下，要提高产业的国际竞争力，必须积极优化资源配置，主动参与国际产业体系的分工和协作，同时采取有效的产业组织形式，确立自身的竞争优势。而产业集群所具有的共生性、互动性和柔韧性，产业融合所具有的创新性，以及产业生态化的持续性，为创造产业的国际竞争优势提供了一个优选的发展模式。④产业政策的引导。成功的产业政策可以弥补市场自动调节失灵的缺陷，达到有效配置资源，提高产业竞争力的目的。当今世界上各具特色的产业群落迅速崛起，跨产业的企业兼并层出不穷，产业经济循环发展模式方兴未艾，除了市场规律的作用外，产业政策的引导是不可忽视的重要因素。

最后论文提出了促进我国产业结构优化升级的理性思考：①打造新型产业集群，提升产业国际竞争力。②建立产业融合机制，促进产业创新发展。③推进产业生态化进程，实现产业持续繁荣。

十年后的实践证明，这三大趋势的研判符合现代产业的发展特征和实践，"十二五"期间，全国各地都在推进产业集群化、产业融合化和产业生态化的发展战略，促进新一轮的经济增长。

（四）四大效益

如果说厉先生在产业经济学研究领域有尚未正式公开发表的秘籍，那产业四大效益便是其中之一，这是当初在社科院工作期间，厉先生给博士生授课时所讲的内容，也是他多年来在产业经济应用性研究方面的学术思考，以及他在全国各地进行决策咨询过程中所积累的学术经验。产业四大效益是厉先生在理论与实践结合部的"新之"与"简之"。他认为产业经济效益主要来源于技术进步效益、规模经济效益、结构优化效益和资产增值效益四个方面，而进行产业经济研究必须掌握这四个方面的分析方法。

1. 技术进步效益

厉先生认为，狭义技术进步效益指由科技创新或应用科技成果带来的超额利润；广义的技术进步效益则还包括经营管理和劳动力素质提高带来的效益。在实际工作中，必须考虑技术先进性和经济合理性的统一。在众多的学术成果中，厉先生阐析了技术进步效益的三种分析方法。一是价值工程分析；二是生产函数分析（索罗的研究）；三是投入—产出模型分析（消耗系数降低及关联效应）。

2. 规模经济效益

规模经济是指随着生产和经营规模的扩大而收益不断递增的现象。经济学所指的规模经济分为规模的内部经济和外部经济两类。厉先生认为，从不同的经济单位角度，规模经济可分为工厂规模经济、企业规模经济和产业规模经济。工厂规模经济和企业规模经济是产业规模经济的基础，而产业规模经济又是工厂规模经济和企业规模经济充分发展的重要保障。

在研究工厂规模经济时，厉先生从单位产品的成本最低角度建立一个简化模型；在企业规模经济方面，厉先生指出企业规模经济具有联合生产经营效应。连锁经营是实现规模经济效益的一种经营方式，可以把企业的个体优势转化为群体优势，此外，企业并购也是实现规模经济的重要方式，企业的合并与联合可以加速资本集中，有利于企业降低经营成本，迅速扩大规模，在市场竞争中取得有利地位，而从宏观上看它有利于产业结构的调整，活跃资本市场，优化资源配置；在产业规模经济方面，厉先生提出了产业规模扩大所导致产业内分工深化而获得的经济效益。

3. 结构优化效益

有关结构优化效益的分析，早在80年代厉先生就发表了论文"结构变化与经济增长"（详见《学术季刊》1986年第1期）。论文在分析技术进步模型的基础上，建立了经济增长中的结构因素分析模型，研究了要素投入结构变化对经济增长的贡献。

厉先生指出了结构优化效益的三种路径与方法：一是资源配置路径，认为资源配置与产业结构的优化通常可结合投入产出表，用线性规划模型解决。企业的产品结构优化也可应用线性规划模型解决；二是价值重组路径，应用价值链的分解与整合战略也可对产业结构和产品结构进行优化；三是资产重组路径，产业结构或产品结构的调整有时需要对企业的资产进行重组。

4. 资产增值效益

从资产市场价值的角度，厉先生阐述如何实现资产增值。认为，资产的市场价值取决于人们对未来收益的预期。在实际生活中人们对收益的预期是不同的，因此它更多地会受市场环境和竞争因素的影响。

资产增值通常是在流动中实现的，因此流动性好的资产是优质资产，应有较高的市场价值；为获得资产增值效益需进行资本运作，不仅是并购，也包括转让、置换、租赁和托管等。

对于资产增值效益，厉先生特别强调了企业购并的重要性，指出，企业购并是实现企业发展战略的手段，因此企业购并战略必须服从企业长期发展的经营目标。通常可考虑：（1）实现多角化经营，降低单一经营的市场风险。具体包括中心式多角化经营与复合式多角化经营；（2）实现资源整合，取得规模经济效益和协同效益。具体包括垂直式整合与水平式整合；（3）实行战略性转移，快捷进入更有发展潜力的领域；（4）获取某些不易得到的资源，如无形资产、区位条件、（上市公司）壳资源和人力资源等；（5）取得股票升值的利益。

（五）五度空间

"小的是美好的"，产业运行的微观基础是企业，特别是大量的中小企业。长期以来，厉先生十分关注中小企业的发展，80年代中期厉先生就从事乡镇企业的实践研究，"五度空间"是他在中小企业发展研究方面的"新之"。2000年厉先生在《上海国资》第4期发表了"中小企业——大市场新空间"的论文，首次系统阐述了中小企业的五种生存空间："自然生存空间、专知生存空间、空白生存空间、协作生存空间、潜在生存空间"，指出中小企业只有在市场竞争中善于寻觅机会、分析机会、扬长避短、发挥优势，才能取得新的发展空间。

1. 自然生存空间

大企业为追求规模经济和超额利润往往采用大批量，少品种的生产方式，这就自然为中小企业留下了大企业无暇顾及或难以涉足的领域。中小企业多品种小批量生产的灵活优势，正可以与大企业形成互补，构成自己的自然生存空间。关于自然生存空间，厉先生打了个有趣的比方：市场好比一个箩筐，箩筐里的大石头是个企业，小石头和沙子则是小企业，随着大企业的规模不断壮大，大石头也越来越大，之间的空隙也随之变大了，可以容纳更多的小石头和沙子，于是，中小企业的第一度空间— 自然生存空间更广了。不少中小企业就是因企业并购做大，以及部分国企退出而得到扩大。

2. 协作生存空间

在大企业"做大"的同时，也会带来另一度空间—为大企业提供配套服务的协作生存空间向广度深度扩展。知识经济的时代，贸易自由化、生产跨国化、金融电子化、服务网络化、市场一体化的趋势越来越明显。在生产跨国化的趋势下，大企业纷纷将大量零部件向外分包。

在论述外包与协作生存空间时，厉先生列举了多个案例和数据。一般大跨国集团公司其产品零部件有60%–70%分布在外，比如丰田第一次分包有248家企业，二三次的分包约4000多家企业，其中84%是中小企业，耐克公司把90%的产品分包给发展中国家生产，本部只有几十名员工，主要进行产品的设计、试验及广告宣传、销售服务等工作。上海大众一次分包约980家，抓住机会专营为大众生产协作配套的零部件。

在配套协助方面，厉先生认为，产业结构调整中的出现整合和分工的需要，很多产业都要进行专业化分工，会出现许多新的配套协作需求。由于中小企业专业化生产成本比较低，因此就会有发展的机会，美国调查，利用外援协作的企业，其成本平均下降9%，而且他们的经济效益、销售额和增长率都要明显高于那些不利用外援协作而搞小而全的企业。中小企业只要突出专长、力争做到"专、精、特"，就能够进入大企业的协作系统，拓展自己的生存空间。

3. 空白生存空间

厉先生认为，产品更新换代时，空白点将层出不穷，就会出现空白生存空间。中小企业可以关注两方面的重要机会，捕捉空白空间。一是当产品在升级换代时，一代产品饱和，随之而来就会产生新的需求，由于新的供给还跟不上，就会出现一段空白，如日本超市的小产品都是在新一代需求产生时出现的。二是当技术进步加快，所有产品都要升级换代时，空白空间就进一步扩大，各个企业都在考虑调整产品结构，既要满足过去的需求，又要对产品进行创新和改进，中小企业可以趁势崛起。如日本的SONY在上世纪60、70年代也是一个小企业，当时电子管盛行，晶体管刚出现，SONY看准机会，仅花费了2.5万美元，收购了贝尔实验室的晶体管专利，5年后占领了全世界的收音机市场。

4. 专知生存空间

专知生存空间是指依靠独特技术和专业知识取得发展，并通过专利来实现保护的企业独有的生存空间。厉先生认为，中小企业可以通过市场渠道购买专利，并在知识产权的护翼下，获得专知的专业权和垄断权，以此占领市场。因为随着科技创新和体制改革的深入，很多科研院所和大专院校都把科技成果拿到市场上去交易，期望实现科研成果的产业化，从市场上获得专知的可能性就大了，比如，仅上海一地，一年产生的新专利就有数十余万件，如果从里面"淘"到了知识，就握住了财源。

5. 潜在生存空间

人类生活中尚未被满足的需求就是潜在空间。比如网络经济将主导未来经济的发展，中国的网民数量将大量增长，企业抓住网络销售，就可以获得网络资源。厉先生认为，市场存在无数的空白点，人们自身都未发觉的潜在需求就更宽泛了，且看企业能不能"拨开云雾"，挖到有市场前景的"宝"了。

厉先生与"五"相关的"新之"和"简之"，还包括科技创新的"五力齐发"和企业文化的"五个认同"。

科技创新的"五力齐发"

一是压力。没有压力就没有创新，压力迫使企业和个人把创新放在意识里，必须要有一种优胜劣汰的机制，没有这样一种机制，就没有压力、没有危机感。

二是动力。要有激励机制，包括精神上和物质上的激励，技术资本化，知识资本化，才能不断创新。

三是耐力，即持久力。企业的技术创新不可能只有一次就取得持久的优势。当今技术更新的速度越来越快，产品生命周期缩短，这就需要创新的持久力，通过不断学习、要把企业变成学习型企业，通过更新知识来形成创新。

四是合力。要有广泛的合作和协作的精神，产生一种合力，推动企业不断地创新。

五是活力。即企业宽松的文化氛围。企业经营管理的创新都是对传统的突破，自由度越大，创新越多，自由度越小，创新的范围越小，所以要强调文化氛围和组织结构，越是高科技产业，越需要这种结构，这样才能形成一种活力，使大家在创新中畅所欲言。

以上五力形成一个综合的作用场，这个场就是一种机制，这种机制推动科技创新。

（详见"科技创新呼唤五力齐发"，载《华东科技》2001年第12期）

企业文化的"五个认同"

一是企业家个性赋予企业的经营管理风格的员工认同；

二是产品使用价值和观念价值的消费者认同；

三是生产地的认同，也就是所谓本土化，在哪里生产要跟当地文化结合；

四是企业行为的社会认同，企业必须要具有一定的社会责任，这样才能得到社会的认同；

五是发展的时代认同。这样企业的持续发展才能够继续，所以它不是简单的企业文化活动和艺术点缀，也不是与社会、时代无关的事。

实现以上五个方面的文化认同企业才能真正走上持续发展的道路。

（详见"走出误区，认识自我：民营企业持续发展的几个问题"，载《现代工商》2003年第11期）

（作者为上海社会科学院部门经济研究所研究员、博士生导师，2000年攻读上海社会科学院产业经济学博士学位，师从厉无畏先生。现兼任民革中央经济委员会副主任、民革上海市委会副主委。）

又有风雨又有晴

王秀治

人生有幸得良师，学海难忘师恩重。至今难忘厉无畏先生关怀备至的眼神，难忘他充满激情的声音，难忘灯光下的语重心长……昔日读博时师生之间、同窗之间其乐融融、亦师亦友的情景历历在目。值此厉无畏先生70岁生日来临之际，将自己读博的经历和同学们的感受写了下来，藉此重温那段弥足珍贵的记忆。

一、辛勤培育十余载　桃李芬芳

作为上海社会科学院产业经济学博士学位授权点的挂牌导师，厉无畏先生不仅在该博士点的申请获批时起了至关重要的作用，同时也为培养产业经济学博士生洒下了辛勤的汗水。如今，厉先生已是桃李芬芳，硕果累累。十几年来，他直接指导的毕业博士生有20多名。此外，厉先生还兼任中国社会科学院、东华大学、澳门大学等院校的博士生导师，已指导毕业博士生多名。在上海社会科学院产业经济学博士后流动站，指导了5名博士后。这些学生毕业后，有的到了更高层次的领导岗位，在机关、研究院所、实业界等担任重要职务；有的继续在科研院所从事研究；有的追随厉先生的步伐，将所学所思付诸实践，开办了公司，将

产业经济学研究与研究生培养

厉先生近几年来所大力倡导的创意产业发扬光大；有的转到了更为喜欢的、更能发挥才干的行业和领域。

漫漫求学路，悠悠师生情。在我们读博的那些日子里，厉先生亲自为我们授课，讲授产业经济学的前沿知识，讲解经济学理论，传授如何用经济学理论分析问题和解决问题；带领我们下基层、做调研，为地方政府和企业提供咨询服务；指导我们研讨经济热点、难点问题；耐心地指导我们的论文，不厌其烦地修改和指点。更难得的是，厉先生一有时间，就会请同学们聚在一起交流，纵论古今，经济时评，席间谈笑风生，吟诗作词，他的见识、睿智、豪气和才情令我们震撼。回想读博的经历，我们不仅从厉先生那里学到了学识，更学到了做人、做学问的道理。

二、与时俱进 推陈出新

师者，传道授业解惑也。厉先生本身的研究工作、社会工作十分繁忙，对博士生的专业课程仍非常重视，他的产业经济学课程从授课内容到课件，从授课方式到目标都由他亲自制定，在厉先生身上，我们学到的不仅是理论知识，更亲身感受到厉先生严谨的治学态度和幽默的语言风格，并为其大师风范所折服。

作为一名经济学家，厉先生密切关注中国经济社会的发展，面对纷繁复杂的经济热点、难点问题，他总是能以超前的、独特的视角阐述独到的见解。只要回顾一下厉先生历年的研究成果，就可以发现他既关注现实中前沿问题的研究，又具有敏锐的超前意识，非常关注产业经济学发展的最新趋势，与时俱进。从最早关注的中国承包制研究，后来关注经济转型和国企改革，再后来开始关注产业升级和产业发展，到研究科学发展观与新一轮经济增长，无一不是当时经济发展的重点问题，又总是比别人略超前一点开始研究。特别是在上世纪九十年代厉先生就高瞻远瞩地提出文化创意产业的发展前景广阔，并开始进行研究，成为最早研究中国创意产业的学者，被誉为"中国创意产业之父"，并获得"中国创意产业杰出贡献奖"，成为理论界获此殊荣第一人。

作为一名博士生导师，厉先生除了教授学生理论知识外，还对经济社会发展中出现的重点、热点和难点问题进行深入细致的理论研究，并将其融入到教学内容和过程中，引领学生们对这些问题进行思考和研究。

比如，2001年（1999级博士生）是我国沿海地区的经济正迎来一个新的发展时期，在这一大背景下，推进沿海地区的产业升级，增强其产业国际竞争力已成为新世纪初事关中国经济持续发展的重大战略选择，而如何推进中国沿海地区的产业升级，增强其产业的国际竞争力，则是一项需要加强研究的现实课题。因此，厉先生选择了中国沿海地区的产业升级作为这一届博士生的研讨主题。随后的2002年（2000级博士生），在信息化、全球化的推动下，国际产业正发生着一系列新的变化。同样，中国在经历了20多年改革开放和高速发展之后，产业面貌也发生了很大的变化。特别是在2001年正式成为世界贸易组织成员之后，中国产业发展的国内、国际环境有了很大的变化，面临的不确定性因素增加，因此，当时中国的产业经济发展有许多值得研究的课题，根据当时经济界、理论界关注的热点问题，厉先生选择了十二项最迫切需要研究的课题作为那届博士生的研讨主题。

同样，2003年（2001级博士生）的"中国开发区的理论与实践"，2004年（2002级博士生）的"21世纪初中国重点产业的发展与前景展望"，2005年（2003级博士生）的"科学发展观与新一轮经济增长"，2006年（2004级博士生）的"转变经济增长方式研究"，以及2007年（2005级博士生）的"创新型城市建设"，透过这些主题，我们看到的是厉先生对中国经济社会的发展的敏锐洞察和独到认识。

厉先生的教学方式如同他的研究风格，既前沿又实用。他十分注重理论与实践的紧密结合，并重视博士生研究水平的提升，体现在产业经济学的教学方式上，就是除了授课外，还有主题研讨，每位博士生根据研讨主题和分工撰写一篇论文，这篇论文既是产业经济学课程的作业兼考试内容，又是一本书的其中章节。因此，学完产业经济学课程，每位博士生不仅学习了产业经济学的前沿理论知识，扩大了知识面，开阔了视野，而且通过在厉先生指导下完成作业，提高了研究能力和水平。同时，将这些论文汇编成书并出版，每届博士生也留下了合作研究的成果。到2007年，共出版了7本书，分别为：《中国沿海地区产业升级》、《中国产业发展前沿问题》、《中国开发区的理论与实践》、《21世纪初中国重点产业的发展与前景展望》、《科学发展观与新一轮经济增长》、《转变经济增长方式研究》和《创新型城市建设与管理》。

厉先生精心设计的教学内容，理论与实践相结合、学习和研究并重的教学方式，使学生们既系统掌握了产业经济学理论知识，能用所学理论知识分析问题、解决问题，又提高了研究水平和能力，也为博士论文的撰写打下了良好的基础。

个性化培养是厉先生指导博士生的另一个特色。俗话说"名师出高徒"，虽然并不是每一位跟从名师的徒弟都能成为高徒，但在厉先生那里，每一位学生都能得到个性化的培养。对于需要兼顾家庭、事业和学业的女学生，厉先生以女中豪杰、清末革命家秋瑾之词"休言女子非英物，夜夜龙泉壁上鸣"来鼓励；对于英语好的学生，厉先生鼓励其善用良好的英语沟通能力开拓国际视野，广泛吸纳跨学科的研究成果来丰富自身研究的深度和广度；当有学生希望到前沿的国外创意产业学术机构去深造时，厉先生欣然撰写推荐信，帮助学生获得了奖学金，顺利到国外学习；对于来自实业界、商界的学生，由于免不了有繁忙的商务活动，厉先生诚恳地指出，读博最好暂时放下纷繁的商务活动，潜心研究，才能打下更好的基础。于是有的学生离开了公司，有的学生关了自己的公司，暂时远离纷繁的商务活动，潜心于产业经济学研究，特别是潜心于当时尚处于学科前沿的创意产业理论与实践探索；对于来自科研院所的学生，厉先生根据学生的专业、研究领域和今后可能的发展方向，注重在提高研究能力上加以培养。在指导学生进行论文选题及撰写过程中，厉先生针对学生所从事的工作、研究领域和感兴趣的内容，引导、启发学生研读文献，确定论文选题，顺利地完成论文写作。也因为如此，厉先生所指导的学生，论文选题非常广，涉猎的内容非常宽泛。得益于博士阶段的系统学习和厉先生的指导，学生们毕业后或继续从事于原来的工作，或转到更为喜欢的工作领域。

用通俗的语言表达深奥的经济学原理是厉先生授课的特色。厉先生不喜欢只讲高深而空洞的理论，而是通过形象生动的语言和案例来说明问题，在学生眼里复杂艰深的问题到了厉先生那里，用三言两语就解释分析得很明了、很透彻了。他简练的表述，透彻的分析，使听过他上课和演讲的学生们受益匪浅。他深入浅出的教学风格，让学生们非但不会觉得经济学难懂，反而会觉得学经济学非常的有趣。

厉先生的这种讲课特色除了源于他雄厚的经济学功底和对经济学的超强领晤力外，也跟他平时的说话风格有关。厉先生曾经说过："我讲话时遵循三个原则：第一是简单，就是要用最简单的话把问题说清楚；第二是要幽默，不能过于刻板；第三是不卑不亢。只要按照这三条原则讲话，就不会错。"在1998年的那次全国政协会议上，厉先生曾作为十位委员代表之一作了题为《关于防范金融风险的若干建议》的大会发言。发言结束之后，同行吴敬琏递过一张字条，上书："无畏委员，今日聆听您的发言，对您能以浅显语言准确地表达经济学观念深感佩服。"

我十分赞同一位师姐对厉先生讲的这三条原则的领悟，她说："看似容易的这三条原则，做得到，则绝非易事。首先，这需要非常成熟而稳定的心理素质和语言表达节奏，要有处变不惊的涵养，只有将自己的内心真正沉静下来，才能传达给别人一种稳健而大气的感觉。另外，只有真正的大师，才肯并且能够将高深的学问用最简单的话语表述出来。那些真正把学问在心里做得烂熟、做得透彻的人，最后都不屑于再装腔作势一嘴文言腔调，而只用最平常的俗话就能说得满堂喝彩。而幽默感则体现了人的乐观与豁达，心里有趣的人，才能真正让听者喜闻乐见，才敢于打破学问与俗话之间的天然藩篱，才敢于嘲弄刻板的清规戒律同时也很有自嘲精神。"

三、人生得一良师幸矣

厉先生以他独特的人格魅力影响、感染着每一个学生，也受到了每一个学生的尊敬和爱戴。有的学生说，成为厉先生的学生是一生中最隆重的一件事、是莫大的荣幸；有的学生说，师从厉先生读博，是人生的重要转折点；有的学生说，成为厉先生的学生，所实现的愿望超出预期，改变了自己的工作和生活；有的学生说，师从厉先生是学术生涯的转折点。总之，成为厉先生的学生之后，大家都不约而同地感到庆幸。因为在厉先生的指导和感召下，大家不仅顺利地完成了学业，更重要的是学到了做学问的态度、方法和做人的原则。从厉先生那里，我真正体会到了春风化雨、润物无声的内涵。

初次见厉先生的学生都说有一种敬畏之感，这除了学生对老师惯常会有的师道尊严的敬畏之情之外，就是因为厉先生犀利的目光和伟岸阳刚的外表，但是只要接触多了，就会发现在阳刚的外表里面是一颗乐观、豁达、宽容的心，他幽默豪爽，才情洋溢，对学生关怀备至、呵护有加，学生们有种亦师亦友的感觉。

作为德高望重的学者与国家领导人，厉先生无论在学术上还是事业上都取得了极大的成功。然而，他对学生的培养不仅局限于这两个方面。他更重视与学生分享为人处世的经验。厉先生早年坎坷的人生经历，不仅没有消磨他的意志，反而使他拥有了宽容的心态。他以宋代大文学家苏轼的哲言"回首向来萧瑟处，归去，也无风雨也无晴"教会学生们敞开胸怀，积极乐观地去面对生活中的一切。如果将厉先生的学术论文和诗词作品放在一起研读，不难发现厉先生无论逆势顺境，始终立于中国社会发展的潮头，始终保持以积极向上的心态预示光明前景。有些学生纳闷：厉先生那么忙，这么多学术研究的事，行政工作上那么多会务和事务，为什么每次都能圆满完成，每次见到都非常轻松快乐。接触多了才知道，原来厉先生奉行的是快乐工作法。他说，只要你快乐工作、快乐生活，你的幸福指数就会高。他的这种态度感染了他的学生们，一些学生尝试着以这种态度工作和生活，结果获得了意想不到的效果。

厉先生有一个博士生是研究巴菲特的，受厉先生快乐工作法的影响，他从与别人不同的角度去研究巴菲特，取得了意想不到的成功。他研究了十几年巴菲特，发现巴菲特重仓投资的公司都是创意产业的典型案例。例如，可口可乐占巴菲特投资组合的四分之一，巴菲特1988年到1989年投资13亿美元，过了10年就赚了120亿美元。而可口可乐里面99%是水和糖浆，所以说可口可乐卖的不是饮料，而是快乐；巴菲特持股市值50多亿美元的宝洁和持股30多亿美元的卡夫食品，实质卖的也是快乐；巴菲特曾经大笔投资的迪斯尼，卖的不是动画片，也是快乐。而巴菲特本人也是快乐工作的典型。巴菲特做投资追求的其实不是赚钱的结果，而是赚钱过程中战胜市场那种赢的快乐，他说："并非是因为我只想得到钱。而是因为我对通过努力赚到钱并且看到赚到的钱越来越多是一件很有趣的事。""我工作时感觉好像一直在跳踢踏舞一样开心快乐。""每天早上我去办公室上班时，我感觉我就像要去西斯延大教堂画壁画一样。"（西斯廷教堂是梵蒂冈的主要教堂之一，以米开朗琪罗及其他艺术家的壁画而著称。）

其实厉先生近几年来专注研究的创意产业的核心也是快乐经济。工作就是快乐，快乐就是工作，这样才能完美地结合，为社会提供创意的产品和服务，为别人提供无法替代的快乐体验，让自己也从中感到创意的快乐并获得创意的高回报。厉先生最爱《论语》中的名句"知之者不如好之者，好之者不如乐之者"，在"快乐精神"的引领下，厉先生的"快乐团队"上海社科院创意产业研究中心近几年来成绩斐然，不仅出版了多部创意产业方面的专著，出色完成了各项委托的调研课题，并牵头创办了《创意产业》杂志，获得了"2008年中国创意产业推动奖"。

豁达大度是所有学生对厉先生的印象，我看过厉先生所有学生的论文后记，发现几乎都提到这一点，并且我相信这是每个学生发自内心的真实感受。这种豁达大度首先表现在厉先生从不挑学生。成为厉先生的学生，有很多偶然的因素，有的是慕名前来的，有的是工作上的延续关系的，有的则是学术秘书分配的。但不管是何种情况，厉先生从不拒之门外，而是欣然接受，同等对待，这点令人更加感动和敬佩。其次表现在对学生非常宽容。有一个学生回忆说，他的论文修改过很多次，但每次找厉先生，他总会抽出时间和该学生讨论。更让该学生吃惊的是，不管论文选题有多么大的变化，甚至后来论文都做好了，又推倒重来，厉先生从来没有批评过一次，甚至一次也没有表现出不耐烦。厉先生对其他学生也是如此，每年三、四月份，是学生们集中提交、修改论文的时间，而这也是厉先生在北京参加"两会"的时间，所以，厉先生每年参会时都会带上学生们的厚厚的论文，抽空仔细审阅，提出修改意见。

作为导师，厉先生对师生关系的处理堪称典范，体现了爱与严的完美统一。一方面，他对学生的学业、学风、治学态度提出了严格的要求，另一方面，对学生关怀备至，呵护有加。例如，每年的毕业典礼都在6月下旬，这基本上是厉先生在北京开会的时间，所以，厉先生是无法参加毕业典礼的，更不用说在这特殊的日子里与学生合影了，这成为厉先生所有学生的唯一遗憾。没想到，厉先生是个有心人，他很快找到办法加以弥补。要么在百忙之中抽出时间、要么利用回沪的短暂时间与学生们合影，在我的印象中，这种情况有过三次，基本上满足了每届学生的愿望。为了取得好的拍摄效果，厉先生指导策划了具体的细节安排。他让我们租好学位服，精心挑选拍摄场所，请来专业摄影师，一一与学生们合影留念。每到这种场合，学生们都特别兴奋，而厉先生总是笑呵呵地看着这些老大不小的学生们像过节一样地闹腾着，不厌其烦地与大家合影，摄影师也不辜负大家的期待，咔嚓咔嚓地拍个不停，把这欢乐、温馨的瞬间定格。学生们都珍藏着这些照片，我每次翻看这些照片，温暖、感动之情油然而生。

厉先生最让学生们感觉像朋友的场合是聚会。开学初、学期末、节假日甚至于平时，厉先生都会尽可能安排时间与学生们聚会，每逢这种场合，既是师生之间、同学之间交流的好机会，更是学生们领略厉先生的豪爽和才情的好时机。在聚会上，厉先生以他的简单平易与幽默豁达展现了巨大的亲和力和感召力，让每个学生，不论是新生还是老生都感到非常轻松自如。厉先生的一个学生说出了大家的感受，她说，在聚会上，"除敬意之外，逐渐感受先生的潮立前头显风流的风格。其一，先生酒量好，酒风好，加上幽默，善于用经济学语言转成笑谈中的经济时评，真的是感觉先生天生非一般，是个奇人。其二，先生善诗词，能写，应景，应时，应形势，黏手就有佳作，脱口成章，创意天成，意境流转，顺畅自然，感觉先生自有'数风流人物'的胸襟胆略，宽广气度。"

迈阿密的五月，疾风骤雨与晴空万里时相交织，动中见静，安谧中蓄积着动能，这正是我写此文的心情写照。过去十多年中，我所知道和经历的只是些许片段，相信更多生动和美好的记忆已然铭刻在厉先生学生们的心中，成为他们人生的一部分。

（2012年5月于迈阿密）

（作者为上海社会科学院部门经济研究所副研究员、博士，1999年攻读上海社会科学院产业经济学博士学位，师从厉无畏先生。2005年至2010年任上海社会科学院研究生部副主任、党总支书记。）

产业经济学研究与研究生培养

创意产业研究与实践

　　创意产业是厉无畏先生大力倡导和开拓的新兴学术领域，自2004年以来，厉先生主编和出版了6本关于创意产业的学术著作，建立了基于产业经济学的创意产业理论体系，并先后荣获"中国创意产业杰出贡献奖"，"全球文化产业学院奖"的"思想驱动奖"，"辉煌中国·十大时代经济精英人物"奖等奖项。《中国文化创意产业之父》一文系统描述了厉先生在创意产业领域中的开拓性学术探索，《"创意洪山"的总设计师》和《指导南阳市创意产业的发展和实践》则是厉先生身体力行，大力推进中国创意产业发展实践的生动案例。

中国文化创意产业之父

孙 洁

一、他和他的创意团队：助推产业勃兴，指点创意未来

厉无畏先生是十一届全国政协副主席、民革中央常务副主席。他也是中国文化创意产业的领军人物，在理论界做出了巨大贡献，产生了深远的学术影响，被誉为"中国文化创意产业之父"。2011年，他获得了首届"中国创意产业推动大奖"，成为获此殊荣的唯一理论界人士。

（一）他是中国文化创意产业的倡导者与领军人

厉无畏，十一届全国政协副主席、民革中央常务副主席。然而，在学界和业界，鉴于他所做出的理论贡献和学术影响力，他被奉为"中国文化创意产业之父"，当之无愧地成为中国文化创意产业的领军人物。2011年，他获得了首届"中国创意产业推动大奖"，成为获此殊荣的唯一理论界人士。

面对繁杂而滞后的文化创意产业学术研究现状，他系统、全面的构建了一整套理论体系。

文化创意产业理论源于西方，但是同其在世界范围内如火如荼发展之势相比，学理性研究远远滞后于现实存在。在该理论引入中国的本土化过程中，对于相关的概念、内涵、外延等多个层面，学术界均有所争执，甚

至能够听到不屑的声音。

面对国内外纷杂的研究局面，厉无畏先生始终坚守在理论研究的最前沿，高举创意产业的大旗，为具有中国特色的文化创意产业理论研究做出了巨大贡献。他先后出版了《创意产业导论》（2006年）、《创意产业：转变发展方式的策动力》（2008年）、《创意产业新论》（2009年）和《创意改变中国》（2009年）四本专著。其中《创意产业导论》是国内第一本从产业经济学的角度来审视创意产业的学术著作，建立了以创意产业为研究对象的产业经济学理论分析体系，具有重要的学术参考价值和理论权威性。它的适时出版，填补了该研究领域的空白，也为学科建设奠定了基础。《创意产业新论》则以更广阔的视野，从城市发展、社会发展、经济发展等不同的层面全面诠释了创意产业的深刻内涵，提出了创意社群、创意产业的文化社会生态、创意产业价值实现和最大化等新思路。特别值得一提的是，《创意改变中国》出版后，社会反响强烈，目前已成为全国不少地方领导干部学习培训的指定参考用书，出版至今已经第7次印刷。同时，该书的韩文版已经在韩国正式出版上市，日文版和英文版也即将出版，学术成果的国际影响力逐步显现，2011年，《创意改变中国》还荣获了全球文化产业学术专著"思想驱动奖"。

面对繁荣与诟病同在的文化创意产业现实问题，他用大量最真实的案例，指点迷津。

作为在国内外享有盛誉的著名经济学家，厉无畏先生在文化创意产业研究领域同样做出了巨大的理论贡献。然而，他本人更强调"贴近现实，用事实说话"。他的研究充分的与实践相结合，通过深入调查研究，提供决策咨询，为国家发展、城市发展、行业发展提出宏观性的、战略性的提案、建议，提供具体的、可操作性强的办法、点子。他常常运用大量的真实案例，或作为论据，或作为经验参考。比如，如何开发利用历史文化资源，从瑞典的哥德堡号，到西安的大唐芙蓉园，再到成都的锦里；从最早的"印象刘三姐",到"禅宗少林"音乐大典、泰山的"封禅大典",再到成都的音乐剧"金砂"、张家界的歌舞剧"天门狐仙";从海南三亚的南山,到成都锦江上的廊桥,一个个鲜活的案例被串联,深入浅出的,将创意经济娓娓道来。

2008年9月,上海世博会论坛咨询委员会成立,厉无畏先生出任论坛咨询委员会主席,为论坛的议题策划等工作提供高质量的智力支持与帮助,被业界戏称为2010年上海世博会"首席军师"。不仅是在上海,厉先生在全国各地留下了考察调研、咨询指导的足迹,留下了他提出的"创意经济"的理论思想和发展方略;不仅是在中国,他以他的学术成就和业界影响力,与许多国家的相关人士和机构进行交流,在国际会议上指点江山,纵论天下。为了让世界更好地了解中国,树立我国锐意进取的良好国际形象,做出了贡献。

面对纷繁与变幻着的社会经济文化形势,他总在"第一时间"敏锐地抓住热点,道破玄机。

面对变幻着的社会经济文化形势,从创意的"产业化"过程到创意的"价值创造",再到它的"赢利模式";从文化资本到文化附加值,再到文化竞争力;从开启"价值蓝海",到创意旅游再到创意农业;从创意人才到创意金融,再到创意的知识产权环境,厉先生总有最敏锐的洞察力,能够"第一时间"抓住当下热点,一语道破关键。包括中央电视台《新闻联播》《360度》、第一财经电视频道《财经大讲堂》、中国之声《新闻纵横》、东方卫视、中部日本放送株式会社CBCTV等多家知名的电视媒体和栏目,以及新华网、人民网、新浪网、搜狐网等主流和大众网络媒体,总是竞相采访、报道厉先生的观点、言论。

2008年的次贷危机严重影响了全球实体经济的发展。2009年3月,厉无畏先生在全国政协十一届二次会议上做了《大力发展创意产业,推进经济创新和传统产业的升级换代》的大会发言。他开宗明义地就提出，只有实现创新发展的国家才能迅速走出危机，而创意产业就是推动创新发展的一支重要力量。发言中的那一句"在当前的经济寒冬中，创意产业已经成为了一股令人振奋的暖流"，被多家电视媒体引为文章标题，用以报道这个当下在我国创意产业界、经济界乃至全社会都引起广泛关注的重要发言。

（二）他培育了中国第一支文化创意产业特色研究团队

厉无畏先生不仅身体力行，积极倡导、大声疾呼中国的文化创意产业发展，还"传道授业"，培育了中国第一支文化创意产业的特色研究团队。

早在2004年，厉先生集结了上海社会科学院部门经济研究所的精英学者队伍，组建了"创意产业研究中心"，它是中国成立最早的创意产业专业研究机构之一。厉先生亲自担任中心主任，这一学术团队里既有部门经济研究所产业经济学领域的专家、博士，也有从事文化研究的专家、学者。为了拓展中心的科研视野，进一步将理论研究与实践相结合，2005年5月，在上海市委宣传部和市经济委员会的支持下，中心与上海戏剧学院、上海文广集团和上海实业（集团）有限公司等单位共同发起创办了"上海市创意产业协会"。时任中共上海市委常委、宣传部长王仲伟应邀担任协会名誉会长，厉无畏先生当选为协会首任会长。2006年，在原有中心的基础上，厉先生又组织创建了上海社会科学院文化创意产业特色学科，在文化创意产业的理论建设领域积极探索。

这是一支"快乐之师"，在调研实践中以苦作乐。厉先生说："研究创意产业是很快乐的事情"，他常对他的研究团队和学生们说要快乐工作。他最爱《论语》中的名句"知之者不如好之者，好之者不如乐之者"，在"快乐精神"的引领下，厉无畏先生的"快乐团队"成绩斐然，先后承接了上海市人民政府，以及湖北、江西、浙江、贵州、河南、河北等地委托的文化创意产业发展课题几十项，出色地完成了各项委托的调研

创意产业研究与实践

95

课题，并在河南郑州、江苏常州等城市建立了科研基地。

这是一支"严谨之师"，在理论探究中一丝不苟。正是实践中坚持不懈的叩问与探索，让这支创意团队积累了丰富的经验。在理论建设方面也"紧跟实践的步伐"，颇有建树。团队的科研人员在《学术月刊》、《中国工业经济》、《社会科学》、《经济管理》、《世界经济研究》等众多核心学术刊物上发表相关论文30多篇，在其他国内外各类杂志、报刊发表的文化创意产业方面的论文和文章达百余篇，每年团队成员发表的论文都会被汇编成册，供相关部门和人员参考。同时，研究团队还承担起上海创意产业协会《创意产业》杂志的策划、组稿、编辑等工作，这也是国内第一本研究文化创意产业的专业刊物。

这是一支"开拓之师"，在合作交流中奋发进取。一系列的学术交流活动，让研究团队与美国、英国、日本以及国内其他学术机构之间建立了良好的合作关系：曾联合英国利兹大学、新加坡国立大学共同主办"创新城市，创意经济"国际学术研讨会，与日本北九州CCA共同主办"Bridge The Gap"国际论坛，参与协办2006年上海国际创意产业活动周的"创意人才论坛"，主办"后媒体时代创意产业发展战略"、"又好又快发展上海创意产业"、"发展创意农业，促进社会主义新农村建设"等研讨会。国内外各级政府有关部门以及非营利组织，都给予了大力的支持。其中，两次国际性学术论坛的资金筹措，分别获得了日本北九州市市政府、亚欧基金会，以及英国利兹大学的部分赞助。由于团队研究的国际影响不断扩大，一些骨干成员还被邀请到境外讲学、交流。

正是鉴于这支创意团队在理论研究方面的成就，以及决策咨询和学术推广、交流等方面的积极探索，团队还因此还荣获了"中国创意产业推动大奖"。

二、他和他的创意观点：坚守在理论与现实的最前沿

厉无畏先生的理论观点在文化创意产业研究领域被誉为经典，不仅仅是因为涉及相关内容的理论研究起步较早，更是因为他所建构的理论体系的系统性、观点内容的前瞻性，以及案例事实的典型性。从议文化、论融合，到讲要素、谈经验，他的创意观点始终坚守在理论与现实的最前沿。

（一）议"文化"

"文化"是厉先生理论研究领域的重要关键词，从上个世纪90年代初关于"文化之力"的论述，到近两年关于"历史文化资源的开发"、"文化强国的建设"等方面的研究，厉先生对文化、对文化和经济的互融关系，倾注了大量的心血。

1."借文化之力，提高产品附加值"

提到"文化之力"，其实早在上个世纪90年代初期，厉无畏先生就已经开始了相关研究。1991年9月，厉先生发表了题为《电影经济与电影市场分析》的文章，认为"电影是一种基于经济目的的文化产品，需要借助于观念形态发挥影响、产生效果"。电影要成为一个产业，必须完成"投入—产品产出（文化创造过程）—产品分配—流通—消费—再投入（经济创造过程）"的整个环节的循环。1994年，他又在《文汇报》上发表《"社区文化"——级差地租的新来源》，提到了文化在经济级差地租形成过程中起到的关键作用。1998年的一篇《商业兴衰与文化凝聚密不可分》，则是从上海豫园商城、徐家汇等四大商圈着手，剖析利败得失，得出了"商业兴衰与文化凝聚密不可分"的结论。1999年他在一篇题为《提高技术含量和附加值是唯一出路》的文章中提出了"知识经济时代的唯一出路，就是提高技术含量和文化附加值"的观点。本世纪初，厉先生开始倡导"用创新的智慧、借文化之力，提高产品附加值"，演绎出"产

业文化化"的理念。2000年，厉无畏先生发表了题为《创新是社会发展和经济进步的关键》的文章，提出了对创新本质的认识，认为"创新，就是消化和否定已学到的知识架构，把知识的单元进行裂变和重新组合"。2001年初，厉先生参加了市政协举行的"增强上海城市综合竞争力"的论坛，并发表了题为"以文化推进城市综合竞争力的提升"的演讲。随着研究的深入，2001—2004年间，厉先生先后发表若干篇论文，《立足比较优势，创造竞争优势》、《科技创新呼唤"五力齐发"》、《以文化提升上海的产业竞争力》、《架科技之舟，扬文化之帆——上海产业附加值和竞争力的提升之道》、《打文化牌是关键因素》、《用智慧和文化激活产品》等。进一步论述了观念价值在经济价值构成中所占的重要"分量"，即"以文化的凝聚力、渗透力和辐射力来增强企业的竞争力，提高产业附加值的过程"。2004年5月厉无畏先生又在《文汇报》发表了题为《文化资本与文化竞争力》的文章，明确提出了"文化，是可以带来增值的资本"。文章详细论述了商品市场价值的两个部分：使用价值（function value）和观念价值（concept value）。文化创意，则是提升产品市场辐射力的重要因素。

2."文化——城市未来发展的核心要素"

文化在经济发展和城市建设中越来越成为一个关键性的因素，文化创意产业也在城市的经济结构转型中获得了巨大的发展机遇和空间。早在2007年，厉无畏先生就用《文化——城市未来发展的核心要素》这一醒目的标题发表过一篇文章，深入浅出的说明"文化"对于一座城市乃至国家而言的核心要义。他认为，中国的产业发展要形成竞争优势，应该立足于文化战略，"要充分利用我国丰富的历史文化资源和当代的文化发展资源，从弘扬传统文化、营造人文氛围的角度出发，进一步扩大文化产业的开放领域，引进新的文化式样，激活文化产业的创新能力，全面提升其规模与质量，并渗透到各行各业中去，从而提高产业的附加值"。"如何开发利用历史文化资源、如何通过创意和市场将文化资源转化为经营资本"，成为发展文化创意产业需要研究的又一重要课题。2009年，厉先生发表了《历史文化资源的开发利用与创意转化》一文，就这一问题展开了进一步的后续探讨。他提出了四种开发利用文化资源的具体模式：一是景观化，在保护历史文化资源的条件下开发旅游景观；二是故事化，以故事力活化资源，以艺术秀增强感染力；三是凸显文化特色，策划项目，吸引社会资本；四是提炼文化符号，塑造品牌。在谈到将历史文化资源转化为经营资源的要点时，他提到了五点：仿古必须融今才能实现推陈出新；应以故事力活化和整合历史文化资源；创造情感资源；创建知识产权，既可保护权益，也用于运作；必须树立"整合观"、"品牌观"和"体验观"三大观念。他还列举了大量的案例，专门探讨了文化创意推进品牌建设的路径。

2010年，上海世博会隆重举行，当"城市让生活更美好"的主旨氛围在身边萦绕时，厉无畏先生开始思考"究竟城市的灵魂在哪里"，他就"文化和城市的深层次关联"开始了又一轮新的探索。在文章《创意产业：城市文化的创新与实践》中他认为，创意产业促进城市文化的创新主要体现在五个方面：一是文化内容的创新，突出强调着眼于现实意义的继承性创新；二是文化形式的创新，突出强调技术进步带来的变化；三是文化载体的创新；四是文化体制的创新；五是文化传播手段的创新。2011年，厉先生又发表了《论文化资本在创意产业中的作用》，把文化看作同人力资本、社会资本同样的促进文化创意产业发展的基本要素之一。他在文中提到，文化资本对创意产业的推动作用主要体现为两种形式，其一是在所有产业中注入新的文化信息要素来优化传统产业结构。其二是在产业链的上、中、下游各个环节中不断进行文化投入，提高附加值或创造新的需求并扩大市场。文化资本正是因为创造了观念价值而推动了创意产业的发展。

3. "解放文化生产力，推进文化强国建设"

党的十七大报告对推动社会主义文化大发展大繁荣作出了全面部署，首次提出了要解放文化生产力以及提高文化软实力的战略要求。厉无畏先生在他的文章《解放文化生产力 促进文化大繁荣》中做出了呼应。他说，文化生产力就是人的创造力，是人在精神层面通过精神生产而产生的社会效益与经济效益的能力。只有解放文化生产力，增加文化自身的造血功能，创造并实现更多的价值，才能保证文化的长期持续发展，更好地促进文化大发展、大繁荣。而文化大发展、大繁荣了，又能推动文化生产力的进一步发展。因此，他把"促进文化大发展、大繁荣的过程"理解为"文化生产力充分释放的过程"。

在十一届全国人大四次会议上，温家宝总理在政府工作报告中提出"推动文化产业成为国民经济支柱性产业"。明确了新时期发展文化产业具有的深远意义。一方面，对于企业、组织或者某个区域来说，发展文化产业可以提升其整体附加值进而增强核心竞争力。另一方面，厉先生也看到了"文化产业要成为我国的支柱性产业仍然任重而道远"。他提出，要向文化产业的先进国家学习成功经验，比如学习他们品牌授权等经典的商业授权模式；要增强本国文化产业的原创力，利用好丰富的文化资源、创新内容故事改编的模式，用全球的视野努力开发文化作品的后期市场；还要协调发展我国文化产业发展的区域不平衡问题，等等。

2011年，党的十七届六中全会通过了《中共中央关于深化文化体制改革、推动文化大发展大繁荣若干重大问题的决定》，提出了建设社会主义文化强国的目标。厉无畏先生又适时发表了《文化创意产业是建设文化强国的重要推动力》一文，提出："文化创意产业是将文化资本重新组合引入经济系统的新兴产业，其特点就在于把文化、技术、产品（服务）和市场通过创意元素有机地结合起来。发展文化创意产业通过提升文化内容与形式的创新力、扩大文化价值观的影响力、增强文化对产业的辐射力、文化传播的吸引力和提升全民文化素质，从而推进文化强国的建设。"

（二）论"融合"

当学界还在就"创意产业是否是产业"、"它的内涵与外延到底如何界定"、"哪些产业或者行业属于创意产业的范畴"等等这些问题纠结不解的时候，厉先生就已经提出了自己前瞻性的观点："创意产业是一种发展模式的创新，是对传统的产业发展逻辑的颠覆。"他认为，创意产业的本质在于融合和渗透，在于它对经济运行系统乃至整个社会体系的创新。"论融合"也成为厉无畏文化创意产业理论体系中最为重要的组成部分之一。

1. "创意产业：转变经济发展方式的策动力"

早在2006年，厉无畏先生就在行业最权威的杂志《中国工业经济》上发表了代表性论文《创意产业促进经济增长方式转变——机理·模式·路径》。他突出强调了"创意产业的发展意义已经远远超越其作为一个新兴产业业态的产业层面，而在于其对传统经济发展模式的颠覆，对经济运行系统的创新，对产业结构的优化和对区域综合竞争力的提升"。从产业发展模式创新的角度看，创意产业具有软驱动取代硬驱动、价值链取代生产链、消费导向取代产品导向、多元目标取代单一目标等显著特点。他把创意产业促进经济增长方式转变的模式总结归纳为四种类型：资源转化模式、价值提升模式、结构优化模式、市场拓展模式。在全国各地的调研、讲学过程中，厉先生通过大量的案例分析，深入浅出的表达出自己深刻的理论和前瞻性的观点。2007年，他又撰文《创意产业：驱动社会经济发展的新引擎》，进一步提出，创意产业不仅仅是"转变经济增长方式的加速器"，它还是"创造就业机会的驱动器"、"提升城市品牌的塑造器"、"助推社会进步的牵引器"。2009年，他的一篇《创意经济与创意社群》，又将创意产业的研究推向了新的高度，即从"创意产业—创意经济—创意社会"的层层递进、不断演化的历史阶段。他认为，创意产业在发展经济的同时发展了社会，创意产业对整个社会的改造和更新是创意产业发展的最高境界。创意社群则是在创意产业发展中形成的各种"群落"及其社会关系的总称，这些群落的发展壮大将支撑起一个崭新的创意社会。要实现社会转型，建立创意性的社会结构，必须培育和扶持各类创意社群。

2. "One source，Multi use：创意产业的赢利模式与价值创造"

厉无畏先生经常以韩国的OSMU战略作为案例，诠释"一源多用"（One source，Multi use）的意义，由此开启文化创意产业价值创造与赢利模式的深入研究。

他曾撰文《创意产业价值创造机制与产业组织模式》，阐释观点："与传统产业以产品为导向的价值创造机制不同，创意产业以消费者的需求为导向，顾客是价值创造的出发点和归属点，通过满足顾客的观念需求、文化需求，实现价值创造。"同时，文化创意产业是以文化创意为核心内容的产业，具有创新性、渗透性、强辐射性和高风险性等独特的产业特征，因此它的产业链也与传统产业有所不同。厉先生对此进行了深入的探讨，并总结出五点：一是价值的非消耗性、二是内容创造的高赢利性、三是赢利的不确定性、四是消费者需求决定性、五是产业链条的跨越性。他还曾经就"创意产业的赢利模式"做过精彩的专题演讲，获得了广泛的社会好评。他把创意产业的赢利模式分为四种类型，其一是"价值链定位模式"，包括内容为王、渠道制胜、媒体推动、需求挖掘等多个层面；其二是"价值链延伸模式"，即突破原有的产业界限，在产业链上向上游或下游方向延伸，从而获得新的价值，包括品牌乘数和掌控终端两个层面；其三是"价值链分解模式"，包括业务外包、集聚协作等模式；其四是"价值链整合模式"，即通过整合企业的各项价值活动，重构企业价值链，提高企业整体赢利水平的过程，包括兼并收购和虚拟价值链两个层面。

3. "创意产业：经济寒冬中那股令人振奋的暖流"

正当次贷危机让世界范围内一片萧条、举国上下一筹莫展之际，一句"创意产业：经济寒冬中那股令人振奋的暖流"，吸引了所有人的注意。2009年，在全国政协的会议上，厉无畏先生鲜明地亮出了自己的观点"金融危机以后，创意产业的发展对整个经济的转型，走出危机有极大的推动作用"。他娓娓道来，历史上每一次金融危机之后，创意产业带动经济走出危机的一个个生动案例。三十年代的危机后，走出了好莱坞；七十年代的石油危机，让日本备受打击，但它的动漫文化由此崛起，甚至超过汽车产业；九十年代东南亚金融风暴以后，"韩流"蔓延，带动了韩国经济的崛起。他更从理论上深入剖析了原因，尤其提到，"以需求为导向的创意产业，非常'善解人意'地为公众制造一个舒解现实生活压力与苦闷的'欢乐世界'。同时，还可以用自己丰富多彩的文化创意，来为公众构筑一个宽阔的追逐自我愿望的平台，形成新的消费热点。"在大量数据枚举的基础上，厉先生提出了"创意产业逆市而上"的事实，并且建议："将发展创意产业列入国家创新计划"、"尽快成立全国性创意产业协会，整合社会各界力量，协助政府推进创意产业的发展"和"制定促进创意产业发展的政策"，等等。

4. "创意旅游、创意农业：促进产业升级的新思路"

旅游产业从上世纪90年代初期的高利润发展到部分地区低利润甚至负利润的局面，表面上看旅游业已经供过于求，事实上，却掩藏着供求不平衡的结构性矛盾。一方面，同质同类产品过剩，而另一方面，旅游者的深层次、多样化旅游需求却无法满足。在这种境况下，2008年，厉无畏先生在《论创意旅游——兼论上海都市旅游的创新发展思路》一文中提出了"创意旅游"的产业发展新主张，并结合上海旅游业发展的实际，构建了"四维链"。首先，要拓展"产业链"，跨越产业边界联动发展，一方面，以旅游产业的无边界特征促进产业的越界发展，实现产业间的无缝链接与良性联动,另一方面,以旅游消费促进再生产的反馈机制实现产业升级;其次,要延伸"空间链",跨越区域界限联动发展,主要包括长三角区域联动、沪港联动、沪台联动,以及亚洲名城旅游联动等;三是要锻造"价值链",着力打造创意旅游中心,以"创造力"创造旅游新价值,以"故事力"活化文化资源,以"感受力"展示文化资本;四是秀出"主题链",全面演绎城市生活,包括世博主题链、节庆主题链、活动主题链、生活主题链等。厉无畏指出,之所以要提"创意旅游"这一创新模式,"其积极意义在于产业链的构建,在于对城市整体转型的促进,以及旅游产业价值体系的形成和增值,旨在形成旅游产业的有智增长(smart growth)新模式"。

农业是继旅游业之后又一个创意融合发展的关注焦点。厉无畏认为,创意产业对于改变农业发展方式也具有十分重要的积极意义。他在《创意农业的发展理念与模式研究》一文中指出,创意产业发展的意义已远远超过其作为一个新兴产业在产业层面上的作用,更在于它对传统经济发展模式的颠覆和创新。农业是一个典型的传统产业,运用创意产业的思维模式进行创新和发展,能够提升附加值,优化产业结构,转变农业经济发展方式,促进城乡互融互动。他认为创意农业这一发展模式的创新之处在于四个层面:一是从文化软实力的角度提升农业附加值,拓展市场空间;二是从创意产业的角度建设农业产业链,实现价值最大化;三是从综合目标的角度创新农业发展模式,弘扬农村地方文化;四是从城乡互动的角度构建农业生产和市场的共生体,增强"三农"的造血功能。

(三)讲"要素"

人才、资金和知识产权环境,是文化创意产业发展不可或缺的关键要素。人才是文化创意产业价值链的源头和核心,资金是文化创意实现价值的重要但却薄弱的环节,知识产权环境是创意产品进行交易、实现价值的最重要保障。厉无畏先生在这些影响文化创意产业发展的关键要素上,也曾一一做出精辟的论述。

1."创意不是大师的专利"

2006年,当人们还沉浸在胡戈《一个馒头引发的血案》所带来的百般笑料中时,厉无畏先生看到的却是民间创意、草根文化的强大。他在文汇报撰文《创意不是大师的专利》,指出"发展创意产业,要动员全民创意,并提炼其中的精髓部分"。之后,他特别关注了人才这一创意产业发展过程中最为核心的要素,先后发表了一组论文《发展创意产业要靠人才》、《创意人才将产业连成链》、《培育创意人才,完善创意产业链》等等。他把创意人才分成创意的生产者、创意生产的引导者和创意产品的经营者三类。其中,创意的生产者也就是原创人员,是文化内容的提供者,他再次强调了"创意人才既可以是艺术大师,也可以是平头百姓,只要具备合适的空气和土壤,人人都可以产生富有价值的创意"。创意生产的引导者是创意生产的管理者和组织者,在创意产业链上的生产环节中具有举足轻重的作用,包括导演、策划人(原创策划人、广告活动策划,项目策划)、策展人等。他认为创意生产的引导者"不仅要有专业技能和创意灵感,而且要思路清晰,有独立分析和制定策略的能力,具备市场研究、项目定位、推广包装和提案能力等良好的市场感觉"。创意产品的经营者包括公司经理、项目经理、拍卖师、评估师、经纪人、中介人、制片人、画廊经理、书商等从事经营活动的人才,他们负责创意产品的经营,是推动文化创意产业化的关键力量。他们不仅要精通经营之道,而且还要能够深刻认识创意产品的文化属性和商品属性,掌握文化发展规律。厉先生称他们为"既通晓创意产业内容又擅长经营"的专门人才。

2."创新金融,支持文化创意产业健康发展"

随着《关于金融支持文化产业振兴和发展繁荣的指导意见》等指导性文件的出台,金融资本作为影响文化创意产业发展的关键性要素再次成为关注的热点。厉无畏先生发表了《创新金融,支持文化创意产业健康发展》的论文，系统地论述了投融资创新的渠道。他从最基本的文化创意产业风险收益特征入手，认为"受众对创意产品的价值认识有一个过程"，因此，文化创意产业具有需求的不确定性、易复制性等特点，市场风险较大。传统的融资工具（银行信贷、债券、股票等）不太适合文化创意产品的融资需求，因为银行信贷、债券的收益相对比较低，适合风险相对小的产品。而文化创意产品的高风险特征，使得股权融资也不是很顺畅。此外，从事文化创意产业的企业多为中小企业，自身的资金相对有限，而创意产品的风险很高，银行又较难评估其价值和风险，因此以版权等无形资产做抵押物很难申请银行贷款。另一方面，不少从事文化创意产业的企业虽然在创意生产方面有能力和经验，但往往缺乏为创意生产融资和进行资本运作的经验，因此，发展文化创意产业，需要创新金融帮助文化创意企业进行投资、融资。厉先生认为，专注于创意产业的私募股权（PE）基金可以作为文化创意产业的投资主体之一。同时，各类投资都需要关注风险控制与分担。

3."创意产业，离不开知识产权"

创意产业的发展是离不开知识产权的。文化创意之所以能成为创造财富的产业，必须通过知识产权的开发利用，其路径就是文化创意→知识产权→创造财富。由于创意产品通常要比科技新产品具有更强的外在表现形式，从而更容易被模仿抄袭，因此创意产业的发展更需要知识产权法的保护。厉无畏先生在他的《实施知识产权战略，发展创意产业》一文中指出，大力推进创意产业的发展时，就不能不考虑以知识产权的创造、生成、开发利用和维权保护为主要内容的知识产权战略的实施。站在宏观层面，一方面国家要建立并完善知识产权的法律、法规与政策体系，以法律保护和政策支持来鼓励和推动企业与个人创新，增强文化创意产业的原创能力；另一方面要完善关于知识产权的公共服务体系，在提高服务质量的同时，也要提高公众的知识产权意识。站在微观层面，企业不仅要获得核心知识产权，即文化创意成果的版权，还要尽可能多的取得衍生的外围知识产权，形成强大的知识产权保护网，从而实现经济效益的最大化。

（四）谈"经验"

厉无畏先生在文化创意产业领域所作出的贡献与成绩，与他对待这一新生事物的宽容心态是分不开的。一方面，看到中国文化创意产业发展的良好态势；另一方面，也正视中国自身与发达国家的差距。他说，"文化创意产业在中国出现不过七八年的时间，而在发达国家的发展进程已有几十年。在政策法规、公共服务平台、投融资体系、人才培育等很多方面，发达国家都有我们值得学习和借鉴的地方。"因此，他经常"谈经验"，把自己游历海内外，在各地奔走考察的亲身经历，进行汇总、反思，把实践纳入到自己的理论框架体系中深入地思考。

"看了别人园子里的果子，我要回去，种自己的地。"

2006年，厉无畏先生应德国科研合作机构的邀请考察了德国北威州的鲁尔区，从奥伯豪森的储气罐，到北杜伊斯堡景观公园，再到埃森矿业同盟，德国人没有采取大拆大建的"除锈"行动，而是把工业时代完整的空间感保存了下来，借助于创意，转变为全新概念的现代生活空间。鲁尔区的所见所闻，让他联想到上海，杨树浦、江南造船厂……回国后他立即撰文《我看到别人园子里的果子》，介绍鲁尔区这个德国煤和钢铁生产基地如何蜕变、重生的经验。2007年，他又专门就中国和欧洲城市创意产业的发展进行了系统性的理论研究，分别从地理环境、法律框架、市场资源、文化氛围等多个层面着手，比较分析了中欧城市创意产业发展环境的迥异，以及可以从国外先进的开发和管理中汲取的经验。

除了将国际交流中的所见、所想带回中国，共同分享经验之外。在国内，厉先生也经常应邀到各地演讲、考察指导工作，不断地"传道、授业、解惑"。他往往在讲学中列举大量的真实案例，比如，上海如何打造"石库门"这一海派文化符号，诸暨珍珠产业如何依靠设计提升附加值进而实现转型升级，等等。他所介绍的那些好的思路和做法，往往都能给各地的文化创意产业发展带来启发。此外，厉先生还会针对当地的发展情况和实际优势，提出一些建议。比如，他在成都首届"美食之都"论坛上发表演讲，认为成都应该借"美食之都"的建设契机，推进创新性城市建设，促进城市发展的转型。他还从细节上展开，详细论述了成都应如何"借鉴联合国创意城市联盟各个国家的经验"，如何"构建多元化的美食产业体系"，如何树立"美食美景、健康休闲，文化多元、创意无限"的城市新品牌。他的演讲反应热烈，包括《成都日报》、《成都商报》等在内的多家地方媒体都专门对此进行了重点报道。

（作者为上海社会科学院部门经济研究所助理研究员、博士，2009年攻读上海社会科学院产业经济学博士学位，师从厉无畏先生。）

"创意洪山"的总设计师

窦 梅

2008年7月7日上午，时任全国政协副主席、民革中央常务副主席，著名经济学家厉无畏同志，应邀在武汉市政协机关作关于《文化创意的产业化与创新型城市建设》的报告，笔者作为民革湖北省省委会的成员，有幸参会并第一次聆听了创意产业学术大师的讲座。

会后我即向厉主席汇报了武汉市洪山区的创意产业发展情况，并希望得到他的指点。从那时起，厉主席便与洪山区结下了缘分。5年了，洪山人民始终记得，是厉主席亲自审定修正，构建了洪山创意产业发展的宏伟蓝图；是厉主席理论联系实践，指导着洪山创意产业发展的分步实施；是厉主席奏响华美乐章，引领洪山创意产业发展之城市品牌竞争的潮流。

一、严谨务实，开启"创意大道"

洪山区是全国文化科教大区之一，具有发展创意产业得天独厚的条件。2007年起，洪山区委、区政府把大力发展创意产业，作为转变发展方式、推进自主创新、有效应对金融危机、推动以创业带动就业、将科教优势转化为现实发展优势的重要举措，在洪山中心地带着力打造以"创意大道①"为核心的创意产业聚集区。

拉开大幕　按照计划，2008年10月将举行首届武汉洪山科技一条街IT节开幕式，为办好这项活动，我随同相关负责人前往北京邀请厉主席。在厉主席办公室，相关负责人再三说明来意，恳请厉主席出席IT节开幕式，我记得厉主席温和而坚决的谢绝了，他用低缓的声音说："我不懂IT"，那一瞬间，我被厉主席严谨务实的作风所折服，不由得肃然起敬。

北京之行中，我作为洪山区创意产业促进工作领导小组的副组长，也是要向厉主席汇报洪山区创意产业发展规划纲要课题组筹建等相关工作，其中就有"创意大道"建设正式启动事宜，便提议两个活动同时举行，相关负责人也请厉主席在百忙之中莅临指导，厉主席经过思考说："创意产业可以，可以考虑"，随后欣然同意。光阴荏苒，这一幕始终在我脑海中一再呈现，正如《礼记·中庸》有云：博学之、审问之、慎思之、明辨之、笃学之。我想，这便是厉主席儒雅睿智、德高望重的风范吧。

2008年10月28日，厉主席如期莅临洪山，亲笔题写了"创意大道"并以中国传统印章落印，宣告洪山"创意大道"建设正式启动，拉开了推动洪山区创意产业发展的大幕。

创意城市　厉主席在洪山区期间，还受邀在洪山科技一条街IT节高峰论坛暨洪山区委中心组联组学习会上作了题为《推动"创意城市"发展》的专题讲座。指出创意城市具有的四个特征：具有发达的创意产业，同时

---

① 创意大道位于湖北省武汉市洪山区，是以街道口位中心，以从武汉大学珞珈创意产业园延珞狮北路和珞狮南路至雄楚大道交汇处的主干道位轴心，东延珞瑜路至广埠屯，西延武珞路至亚贸，东西长约2公里，南起与珞珈路与雄楚大道交汇处的湖北图书出版城，北止于武汉大学，南北轴心线长约2.7公里，方圆面积约6平方公里的区域，为创意大道的核心区；另外雄楚大道至武汉创意天地，南北轴心为线长3.4公里，东北方向辐射约2公里，方圆面积约6平方公里的区域，为创意大道的延伸区。

"创意大道"是借鉴"好莱坞星光大道"、"纽约第五大道"的发展理念及模式，以洪山"创意大道"周边聚集的上述创意产业为基础、为支撑，将其建设成为华中地区"创意·创业·创新"的现代创意产业聚集中心。

2007年4月"创意大道"注册商标在国家工商总局进行了商标注册，涵盖17类别。

以创意产业支持和推进更广泛的经济领域的创新；具有一定良好的经济和技术基础，支持创意产业的发展；具有创意人才生存发展的优良环境，不仅集结了一批优秀创意产业人才和经营人才，而且还十分重视与创意产业相关人才的培养；具有良好的文化氛围，不仅宽松包容，允许多样化的文化存在与发展，而且具有一定数量和水平的受众，使创意活动得以顺利开展。又指出要努力迈向创意城市的发展，我们还需在三个方面提高认识并作努力：一是构建创意产业完善的价值系统和发展模式；二是创造良好的文化氛围，并努力积累创意社会资本；三是发挥创意产业协会的作用，通过协会，协助政府和企业整合资源、协调各方、交流信息。

二、指点蓝图，构建纲领性篇章

创意产业的发展，关键在于要有一个科学详细的规划。笔者作为《2009—2020武汉市洪山区创意产业发展规划纲要》（以下简称《纲要》）的项目编制负责人，回想起厉主席对《纲要》编制的悉心指导至今历历在目，记忆犹新。

纲要编制　诗人苏轼在《题西林壁》中有写道："不识庐山真面目，只缘身在此山中。"编制《纲要》的难度，不仅是当局者迷，旁观者清的问题，更重要的是如何能站在局外、站在国内创意产业前沿的高度上"欲穷千里目，更上一层楼"。编制好这一纲要，我深感力不能胜，确需向厉主席求教。2008年9月，接受编制《纲要》项目任务后，我向远在北京的厉主席求教求助，厉主席没有半点推辞，全力支持。

在厉主席的推荐下，洪山区委托上海社会科学院创意产业研究中心（以下简称中心，是厉主席在上海带领的研究团队）编制《纲要》。在三个月的课题研究时间里，中心组织团队，深入武汉市相关职能部门及企业、洪山区及其他中心城区进行走访调研，准确详实地掌握了武汉市及洪山区创意产业的发展现状及特色，并于2008年年底迅速完成了《纲要》的初稿。《纲要》对洪山发展创意产业的阶段、步骤、主导产业以及功能定位等进行了科学规划，确定了"一核、八区、五块"的空间发展布局，即重点打造纵贯洪山中心城区、联动众多高校和科研机构的"创意大道"这一核心，建设数字科技、演艺娱乐、动漫影视、时尚设计、出版传媒、创意产业公共平台和要素市场服务区、会展博览、农艺体验等八大创意产业集聚区和环中国地质大学珠宝创意产业、环中南民族大学民族文化创意产业、环武汉体育学院体育文化创意产业、天兴洲生态文化创意产业、洪山菜薹特色农艺创意体验等五大特色区。

纲要完善　特别难得的是，《纲要》的完善，得到了作为中心主任的厉主席的亲自指导和审定，为洪山区创意产业的发展奠定了总基调。尤其是厉主席认为，创意是创意产业发展的核心，创意分为文化创意和科技创意，是经济增长的"车之双轮、鸟之双翼"。科技创新和文化创意是现代经济增长的双引擎，而真正能发挥巨大能量的是文化因素和科技含量有机融合的综合创意产业。创意产业倡导的是一种"双创发展观"，即科技创新和文化创意。两驾马车并驾齐驱，科学技术是求真和求实，而文化艺术是求善和求美。科技和文化的完美结合才能创造出真善美的产品。

厉主席说，洪山区是全国科教智力资源最密集的地方之一[②]，坐拥色彩缤纷的文化资源与得天独厚的科教资源，这种先天优势造就了洪山区应以文化资源作为发展创意产业的重要基础，将科技文化、时尚文化、教育文化、生态文化以及会展文化融入到创意产业之中，构建洪山

[②] 其一，该区科技教育发达，具有创意产业发展最需要的人才资源（辖区内有武汉大学、华中科技大学、华中师范大学等38所大专院校，在校师生达到50余万人。拥有35个国家级和省级科研单位、13个国家重点实验室，49名两院院士）。其二，该区有比较雄厚的创意产业的积淀，其科技一条街、数字科技、时尚和工业设计、表演艺术、文化及传媒出版等领域在全国具有领先地位。其三，该区是湖北省创意产品消费最密集的区域，具有良好的创意产业发展的社会需求。

创意产业的发展。

纲要创新 在厉主席"双创发展观"的指导下,《纲要》摒弃了我国以往单纯依靠文化资源发展的资源型文化产业和一味依赖高新技术产出的科技型知识产业,提出"加大文化与科技融合创新力度",从而衍生出更多的新兴文化业态,使其在创意产业集聚区中大放异彩,实现了文化与科技的深度融合,为洪山区创意产业的发展提供了新思路。

武汉地区高校,相关职能部门及企业的专家学者对这一湖北省第一个区级创意产业《纲要》进行了评审。与会专家学者一致认为《纲要》紧扣洪山区的实际,依据充分,方法科学、重点突出、目标明确,对2009年至2020年间洪山区创意产业的发展进行了全面系统的规划,战略性、指导性、前瞻性、创新性突出,可操作性强,对推进洪山区创意产业的发展将起到至关重要的作用,从而使之成为推进洪山区创意产业发展的纲领性文件。

吹响"集结号" 2009年4月21日,我区隆重举办了"洪山区促进创意产业发展新闻发布会",对外界发布了《洪山区创意产业发展规划纲要》和《洪山区关于实施促进创意产业发展若干扶持政策的意见》。厉主席再次莅临洪山出席发布会并向众多高校专家学者、企业负责人、洪山区职能部门领导、媒体记者等与会者作了《创意产业价值创造与赢利模式》的主题报告。

会上,厉主席说:"洪山区高等院校、科研院所众多,创意人才聚集,在华中地区具有无可比拟的优势,发展创意产业应趁势而上……"伴随厉主席的现场鼓劲——洪山区吹响了创意产业"集结号"!

会上,厉主席还谈到在《纲要》的具体实施过程中,洪山区的各级干部应充分认识改善行政服务、转变工作作风、提高服务效能、营造宽松环境对于发展创意产业的重要性,并对广大干部做出了以下三点要求。第一,深刻把握创意产业发展特点,严格遵循市场经济规律,坚持原则性与灵活性有机统一，增强服务和协调工作的主动性、积极性，切实为创意企业排忧解难。第二，积极探索"一业一策"或"点对点"政策支持，对于酝酿、萌发、成长过程中的新产业、新业态和新市场，允许探索、鼓励试验、跟踪服务、及时引导。第三，改变单一行政审批管理模式，探索建立引导服务、跟踪服务、协同服务、创新服务、应急服务等行政服务新方法新途径。至此，洪山区的各级干部更加统一了思想认识，形成了共同推进创意产业发展的强大合力！

三、总设计师，推进创意大发展

探索实践 自2008年10月厉主席第一次到洪山，到2010年7月，时间已过去一年零八个月，这期间洪山区按厉主席要求，转变发展方式，调整产业结构，加强协调完善机制，以建设公共服务平台为重点，努力为企业提供完善的服务。

一是修订完善了《洪山区关于实施促进创意产业发展若干扶持政策意见》。设立1000万元发展专项资金，构筑政策扶持平台，从贷款担保、租金补贴、购房补助、税收减免、用地支持、政府采购、专利奖励、人才引进等各方面，对创意企业、创意产业基地和创意人才进行全面扶持。二是以"创意大道"网站为基础，完善功能，构筑了企业信息发布、项目资源、电子商务、传媒推介等信息共享平台。三是依托区内现有融资体系，以洪山天成担保公司为基础，吸引社会资本，与相关金融机构、风险投资商紧密切合作，构筑创意企业融资平台。四是成立了洪山区创意产业协会，推出了《创意大道》期刊，加强了会员之间、行业之间、政企之间的沟通、交流与合作，形成发展合力。五是制定了《洪山区创意产业行业分类及统计制度》。为建立洪山区创意产业发展的统计分析平台奠定了良好基础。

全面推进　2010年7月19日，我区隆重召开"洪山区创意产业发展工作大会"，表彰了一批先进企业和个人，总结和部署了工作。尤其是两年前还仅有10名员工，营业额不足20万元，两年后，年销售收入已过千万，人员一跃达到70余人，一家由年轻大学生组成的动漫企业——武汉两点十分数码科技有限公司，缔造出湖北动漫行业的一段难以复制的"神话"。年仅27岁的"两点十分"公司总经理王世勇荣获洪山区"创意产业贡献奖"，武汉市"五一"劳动奖章。

　　风度依旧，创意依旧。厉主席第三次受邀拨冗莅临参会，并作了《以文化创意推进品牌建设》的报告。他指出，"金融危机迫使企业加快转型，企业转型要强化设计中心、企业转型要强化品牌建设和营销战略。同时，城市发展也进入了品牌竞争的时代，而品牌建设的核心就在于品质和文化创意"。勉励洪山区要进一步树立品牌，提升品质。随后，厉主席视察了南湖创意产业园。南湖创意产业园是在武汉市洪山区经济开发区北港科技工业园的基础上，实施产业结构调整和转型升级，致力于实现高新科技和文化创意产业融合发展的新型科技和文化创意园区。他对洪山区的这一做法给予了充分肯定。他再次强调，"科技创新和文化创意是现代经济增长的双引擎，要求洪山区充分发挥比较优势，在代表文化和科技融合发展的动漫网游产业上实现新突破"。

　　硕果累累　厉主席点石成金，成就了一条"创意大道"；他悉心关怀，成就了中心城区、"创意大道"、产业园区协同分工、共赢共进的创意产业十年规划；他谆谆教导，成就了洪山区"百花齐放、馨香各异"创意产业发展的新局面；他还称赞洪山区为创意产业的"一颗明珠"。

　　据2012年底统计，洪山区活跃经营的创意企业已有1368家，其中：出版、文化、艺术、特色教育共计174家；影视、动漫、游戏、体育、娱乐共计65家；广告、传媒、会展、策划咨询、艺术设计共计148家；建筑设计、勘察设计、装饰设计、规划设计、环境设计、模型设计及咨询服务共计326家；计算机网路、软件、信息集成及信息技术服务共计383家；科学研究、工业工程设计及专项技术服务共计99家；其他创意服务类共计173家。至2012年，洪山区已连续4年，共获得全国创意产业大奖最高奖项——中国创意产业年度大奖中的12个奖项。南湖创意园区成为武汉市文化与科技融合发展试点园区，并获得全国2011年度"最佳创意产业园区"称号。国内占地规模最大的新建创意园区——武汉创意天地等四个创意产业园正在抓紧建设。2012年洪山区创意产业产出高达152亿元，同比增幅高达25%。

5年来，洪山人民始终记得，作为一个学术大师，厉主席有着严谨求实、一丝不苟的治学品格；作为一名国家领导人，厉主席秉承实事求是、与时俱进的处事原则；作为"中国文化创意产业之父"，厉主席将创意产业的满腹经纶和对创意产业的满腔热血运用在对洪山区创意产业发展的具体探索实践之上，不仅使洪山区的公务人员感悟了创意产业的真谛；不仅使创意产业在荆楚大地开花结果；更使洪山区形成了一种独特的创意产业文化。

创意产业发展最需要的土壤，那就是文化。洪山区一直在按厉主席的要求："允许探索、鼓励试验、跟踪服务、及时引导，"它"崇尚成功、宽容失败"，它的创意产业发展文化理念是：创意、创新、创业。它创造一种文化氛围，努力打造浓厚的创意产业文化，用文化的土壤来为创意人、创业者、创意企业、创意产业的发展提供最好的空间和土壤环境。文化是创意产业和"创意大道"发展的灵魂和核心，有了它，创意产业的发展就是鲜活的，就是有强大生命力的。如今，这是一个创意的地方，创业的地方，创新的地方。

厉主席不辞辛苦连续3年亲临洪山区，以其智慧指导我区创意产业的发展，结出了累累硕果，他实际上成了洪山区人民心中的创意产业发展的总设计师。

展望未来 "北有中关村，南有广埠屯"，20年前，洪山区打造了科技一条街，今天又在此基础上打造"创意大道"。我们还盼望着厉主席能够继续关心厚爱和指导洪山的创意产业，使洪山区早日成为全国重要的创意产业集聚区，我们期待着若干年后，"创意大道"将会像纽约的"第五大道"、好莱坞"星光大道"一样蜚声中外。

5年来，厉主席来汉期间，我时有陪同。于是常有朋友相问：你是厉主席的弟子吧？开始，我笑着解释做答，后来，我便点头一笑，不去解释。这些年我向先生请教，先生指导着我学习工作，我又如何不是先生的学生呢！？厉主席门下虽弟子云云，我今想斗胆拜先生为师，还望先生收我为徒，那便是圆了我这五年来的"师生梦"了。先生，"弟子"在此冒昧了，还请您见谅！

（作者为武汉市洪山区人大常委会副主任，洪山区创意产业促进工作领导小组副组长，民革湖北省省委委员，博士，副教授。）

指导南阳市创意产业的发展和实践

穆为民

2010年以来，全国政协副主席、民革中央常务副主席、著名经济学家厉无畏两次莅临南阳讲学、开会和考察指导工作。2010年2月，厉主席在南阳作了一场关于《创意产业与城市经济发展》的专题报告，南阳市委、市政府、市人大、市政协领导干部都出席了报告会；讲学之余，他视察了南阳武侯祠和汉画馆。2012年6月，民革第十一届中央常委会第十九次会议在南阳召开，他在会议期间深入丹江库区，视察了南水北调中线渠首工程建设情况。厉主席无论是讲学还是考察指导工作，都给南阳干部留下了深刻印象。报告会上，他运用多媒体和案例讲学模式，深入浅出地阐述了创意产业的内涵、特点、产业化路径和在城市经济发展中的重要作用。考察南阳景区景点的时候，他殷切希望南阳通过加强创意引领旅游产业实现跨越式发展。厉主席的创意产业理论和指导意见，对南阳发挥资源优势做大做强特色文化产业，具有重要的现实意义。实际上厉主席不仅在南阳，还在河南省多个城市讲学、考察和指导创意产业的发展，对河南创意产业的发展起了很大的推动作用，因此被授予2011河南省文化创意产业特别贡献奖。

一、南阳实践创意产业发展模式具有资源优势

厉主席指出：创意产业的发展模式，就是通过融入文化创意，实现现有产业附加值的提升和产业链的延伸，并带动相关支撑产业、配套产业和衍生产业的发展。在创意产业发展模式中，只有深入挖掘文化资源，才能激发、提炼、形成文化创意，对产业发展起到引领作用。南阳拥有源远流长、内涵丰富、特色鲜明的文化资源，探索实践创意产业发展模式具有明显的优势。

南阳人文资源厚重。南阳是楚文化的摇篮，汉文化的荟萃之地，是国务院第二批命名的历史文化名城，哺育了姜子牙、范蠡、张衡、张仲景、诸葛亮等历史名人和彭雪枫、冯友兰、姚雪垠、王永民、二月河等现、当代名人，汇聚了楚汉文化、医药文化、衙署文化、曲艺文化、玉文化等特色文化资源，全市拥有武侯祠、医圣祠、汉画馆、内乡县衙等8处国家重点文物保护单位，64处省级文物保护单位。

南阳自然资源丰富。南阳地处南北气候过渡带，位于华北板块与扬子板块的碰撞结合部，四季分明、山清水秀，森林覆盖率达34%，水资源总量和人均拥有量均居河南省第一。南阳是中国优秀旅游市、国家园林城市，境内有国家和省级森林公园8个，国家和省级自然保护区6处，更有一批享誉世界的山水景点，如南阳伏牛山世界地质公园、南水北调中线工程水源地丹江口水库、西峡恐龙蛋化石群、淮河发源地等。南阳是宝玉石资源大市，独山玉是我国独有的珍贵玉种，号称"多色玉料"、"南阳翡翠"、享有中国四大名玉之美誉，远景储量20万吨。南阳是全国中药材主产区之一，盛产名贵中药材2000多种。南阳农业富有特色，享有"中原粮仓"之称，粮食产量超百亿斤，是全国重要的粮、棉、油、烟生产基地，南阳黄牛居全国五大优良品系之首。

深厚的文化底蕴和丰富的自然资源，既是南阳玉雕、医药、旅游产业发展壮大的重要原因，也是南阳依托创意产业发展模式推动这些产业转型升级的重要前提。

二、南阳实践创意产业发展模式积累了一定经验

按照创意产业理论，南阳玉雕、中医药、旅游产业因与文化的融合度高而成为名副其实的创意产业。多年来，南阳采取举办节会、打造品牌、完善体系、创新业态等战略举措，加大文化创意融入产业力度，玉雕、中医药、旅游三大产业已具备相对完整的产业链条，成为南阳重要的支柱产业。

（一）玉雕产业着力丰富文化内涵，提升产业档次

玉是文化的载体，文化是玉雕的灵魂。多年来南阳坚持用先进文化浸润、渗透、拉动玉雕产业，逐步提升产业发展核心竞争力。南阳从2002年起连续举办9届玉雕节，推动玉雕产业和玉文化的融合发展。每届玉雕节都以玉雕精品博览为主线，以玉文化艺术研讨为灵魂，彰显玉文化魅力，集聚玉雕产业优势，打响国际玉博会品牌，塑造南阳"千年玉都"的城市文化名片。玉雕节的举办，提升了南阳玉雕产业的发展理念，设计创意高端化、加工制作精细化、产品经营品牌化成为共识。玉雕产品在构思设计和制作工艺上逐步形成融自然美、创意美、技艺美三位一体的"南阳风格"，精品佳作不断涌现。《姜子封神》、《南阳娃迎农运》等300多件工艺精品，先后获省部优奖项、全国工艺美术百花奖和天工奖，带动了全市玉雕产业文化内涵日益丰富、制作水平日益提升、经济效益不断提高、产业规模不断扩大。目前，南阳拥有玉雕加工企业（户）和经营门店3万多家，从业人员40万人，年产值200多亿元，年出口创汇2亿美元，形成5大玉雕专业市场，总投资各10亿元的镇平国际玉城项目和中国玉雕大师创

意园项目进入二期建设阶段，南阳已成为我国北方最具实力的玉雕创作、加工、贸易集散地。

（二）中医药产业着力打造仲景品牌，完善产业体系

南阳是医圣张仲景的故里，南阳高度重视利用张仲景这一独特的品牌优势，大力发展中医药产业，建设"养生之都"。早在2000年，南阳就出台了《张仲景医药创新工程规划纲要》，提出了"立足南阳中医药资源优势，以弘扬张仲景思想为动力，以现代科技为手段，以国内外市场为导向，构建中医药教育、科研、种植、加工、销售、医疗六位一体的产业化体系的战略构想"。从2002年起，南阳以"传承仲景学术，弘扬中医国粹、促进合作共赢、共享健康生活"为主线，连续举办十届张仲景医药节，通过举办医圣拜谒、中医药科技创新及现代化发展高层论坛、张仲景经方研讨、张仲景健康养生大讲堂、中医药产业信息发布暨项目签约仪式等活动，强力推进张仲景医药创新工程的实施。目前，南阳拥有国级"二级甲等"中医院11家，中医药院校年招生5000人，5位老中医获全国名老中医称号，十一五期间研制出了30个仲景方药制剂，张仲景医药文化形成了较为完善的保护、利用、传播、发展体系；中药材种植品种达150多种，面积近200万亩，年产值50亿元；中医药加工企业13家，年产值30亿元；保健品生产企业19家，年产值15亿元；中成药龙头企业宛西制药公司建有中药现代化工程技术研究中心和博士后科研工作站，拥有"仲景"、"月月舒"两个中国驰名商标，进入全国中药企业50强。

（三）旅游产业着力发展新型业态，拓展产业空间

2010年以来，南阳顺应旅游业态和旅游产品多元化、创意化趋势，把旅游融入经济社会发展的各个领域和各个方面，积极培育新型旅游业态。大力推进旅游与农业相融合，深入实施"百村万户"旅游富民工程，加快西峡化山村、卧龙古庄村等20个重点特色旅游村建设。大力推进旅游与体育相融合，整合农运会比赛场馆设施和漂流、滑雪、攀岩、温泉养生类景

创意产业研究与实践

区，初步开发出了体育旅游，并在2012年"十一"黄金周期间成为旅游热点。大力推进旅游与文化相融合，卧龙岗文化旅游产业集聚区、张仲景医药文化产业集聚区、内乡县衙历史文化街区、赊店商埠文化产业园区开发建设已进入实质阶段。大力推进旅游与工商业融合，成立了南阳旅游商品研发中心，已开发旅游商品100多种，拉长了南阳旅游产业链条。大力推进旅游与城市建设相结合，着力增强城市的观赏性和接待功能，全市星级宾馆总数达80家，白河游览区和南阳新区已成为展示南阳形象的靓丽窗口。2012年，全年接待游客2960万人次，实现旅游综合收入152亿元，与2009年相比分别翻了一番，其中新型旅游业态的出现功不可没。

三、南阳实践创意产业发展模式应实现质的飞跃

在知识经济蓬勃发展、区域竞争日趋激烈的今天，创意产业发展模式已展示出强大的生命力和广阔的应用空间。在今后的发展中，南阳玉雕、中医药、旅游三大特色文化产业将自觉引入创意产业的发展理念，培育创意企业，延伸产业链条，提升产业价值，带动相关产业，构建完整的价值实现系统。

（一）培育创意企业。创意企业处于整个产业体系的高端，是产业创新的核心和动力。南阳玉雕、中医药、旅游产业中的创意企业发展整体处在起步阶段，企业数量少、创意产品少、经济效益低、带动能力低，已成为产业转型升级的瓶颈，必须率先突破。一是抓现有企业和科研院所的发展。加快玉雕大师创意园项目工程进度，实现百名大师尽快入驻。张仲景研究所、中医研究所和宛西制药公司，要引进先进设备、工艺和技术，研究开发高效、优质、安全的现代中药和保健品、化妆品、药膳食品等系列产品。南阳旅游商品研发中心，要研究开发丰富多样的传统工艺品和土特产品。二是扶持发展一批创意企业。借鉴发达地区经验，结合旧城改造、

旧厂房改造，搭建创意园区、创意街区，支持企业家、专业人才、高校、科研院所创建一批玉雕设计类、中医系列产品研发类、旅游产品发类创意企业，同时引进一批娱乐、传媒、印刷、广告、软件类创意企业，尽快形成若干门类齐全、功能配套的创意企业集聚区。

（二）壮大产业体系。特色产业只有通过壮大产业体系，才能创造综合的经济效益。一是提高产业附加值。玉雕产业要适应多文化融合发展的趋势丰富文化内涵，在"精、巧、奇、特"上下工夫提升艺术水准，力争加工精品率达到50%以上。中医药产业要大力培育"名院、名科、名医、名药、名店、名企"，向品牌要市场、要效益。旅游产业要提升旅游品味与文化内涵，提升服务与质量的标准化水平，推出高品质的风景观光、文化体验和休闲度假产品。二是延伸产业链条。玉雕产业要加快建设宝玉石原料专业市场，积极培育和发展信息咨询、评估拍卖、质量检测鉴定、营销策划、销售代理等中介公司。中医药产业要加快建设中药材交易市场，大力发展非药品中药产业，有序发展保健服务业。旅游产业要向购物、交通、文化等领域延伸，开发传统工艺品和土特产品，开通城市巴士，推出《楚风汉韵》等大型实景演出，培育地方戏曲文化节目，发展工业旅游，展示现代文明成果。三是构建产业集群。围绕三大产业，大力发展相关支持、配套、衍生产业，如玉雕产业相关的包装印刷业、交通物流业、宾馆餐饮业，中医药产业相关的物流配送、进出口贸易、文化衍生品，旅游业相关的电子商务、旅游动漫、旅游金融、旅游地产业等，从而形成庞大的产业系统。

（三）加强人才培养。提出创意并把创意融入到产业发展之中，人才是关键。这就需要打造大师名家云集的人才高地。一是加快发展特色高等教育。整合全市特色教育资源，组建南阳玉雕职业学院，恢复成立了张仲景国医大学，市内本科院校设置旅游专业；优化学科结构，重点发展设计创意、文化传媒、高级护理、高级导游等急需专业；实施教育创新计划，搭建创新平台，积极构建创新型教育机制。二是加强本土人才培养。定期邀请国内著名学者、大师莅临开班讲学，深入开展高级工艺师、高级医师、优秀企业家、学科带头人评选活动，积极开展多种形式的师承教育和继续教育，广泛开展与国内外知名院校、企业集团和科研单位的工作交流，培养选拔一批本土高端人才。三是引进高层次人才。开辟绿色通道，制定优惠政策，提供优良工作条件，引进文化创意、科研开发、工程技术、经营管理等各类人才到南阳创业，为推进特色产业发展提供强大的智力支持。

四、创优发展环境。新的发展模式需要新的支撑条件，需要营造优良的外部环境。一是成立推进机构。比照成立市旅游产业发展工作委员会的做法，成立由市领导挂帅、相关职能部门参与的玉雕、中医药产业发展领导小组，围绕培育创意企业、壮大产业体系，切实抓好相关职能部门的协调创新、跨界联动。建立中医中药协会，充分发挥旅游协会、宝玉石协会、工艺美术协会的作用，开展学术交流、科研攻关、筹办项目等活动，与领导小组形成良性互动局面。二是举办创意节会。玉雕节要开辟设计创意原创大赛、设计创意产品展评、多元文化研讨活动板块。张仲景医药节要举办张仲景高层次学术思想研讨、中医药交易、健康养生博览等活动内容。旅游业要策划举办饮水思源游南阳、诸葛亮旅游文化节等主题活动，打响南阳旅游品牌。三是加强政策扶持。设立政府玉雕产业发展基金，奖励多元文化研讨和创意设计开发等有功人员；设立发展中医药和弘扬张仲景文化奖，促进重点科研项目、新产品研究开发和重点学科建设。旅游业发展专项资金要更加重视向改革旅游体制机制、支持旅游企业上市、培育新型业态倾斜。与此同时，在投融资、工商税收、知识产权保护、进出口贸易等方面都要制定优惠政策，形成全面、系统、有效的政策支撑体系。

（作者为中共河南省南阳市市委书记）

一部创意经济的"醒世恒言"

——读厉无畏学术著作《创意改变中国》

李洪仁 万本根 曹丰平 吕 林

2008年4月13日，四川省创意产业协会在成都正式成立，全国政协副主席、四川省创意产业协会总顾问厉无畏教授赴京履职前，专程到会指导四川创意产业工作。他的平易近人态度、渊博学识、创新精神、无私敬业情怀，令四川同仁感慨万端。

作为老朋友，第十一届全国人大常委会副委员长、民革中央原主席周铁农用"肩负着三副重担"来描述厉无畏："他现任第十一届全国政协副主席，致力于政治协商、民主监督事业，为国家经济建设和社会发展建言献策；他是民革中央常务副主席，致力于参政党的自身建设，履行参政党职能，积极为两岸关系的和平发展作贡献；他还是著名的经济学家、博士生导师，长期从事产业经济、数量经济和经济管理方面的研究，科研成果丰硕，并培养了许多人才。他还是我国创意产业理论研究的先驱，为推动我国创业产业的发展做出了重要贡献。"（见《创意改变中国》一书"序言"）

厉无畏始终对中国经济领域面临的重大问题探索不止：从证券市场发展到上海金融中心的建设，从市场预测、品牌战略到资产经营与重组，从汽车、建筑装潢、房地产问题到规避粮食风险、促进产业升级、发展现代服务业、推动创意产业……凡是涉及中国经济社会发展的重点、热点和难点问题，厉无畏都能以独特视角，提出自己独到的见解。近几年来，厉无畏编著或参与编著的书籍有：《区域经济——战略规划与模型》、《乡镇企业经营管理》、《企业实用现代管理方法》、《中国承包制研究》、《转型中的中国经济》、《加快推进国有企业改革》、《创意产业导论》、《创意产业新论》、《创业产业——城市发展的新引擎》、《创意产业：转变经济增长方式的策动力》等，其中，《创意产业导论》和《创意产业——城市发展的新引擎》被选作高校教材。厉无畏还多次赴美国、日本、法国等国家和中国香港、台湾等地区讲学，在海内外享有很高的知名度。

特别是在创意产业理论研究领域，厉无畏以其对创业产业全面系统的理论体系和学术思想，以及对中国创意产业实践的关注和推动，被业内誉为"中国创意产业之父"，2007年，他被北京中国国际文博会授予"中国创意产业杰出贡献奖"，是中国唯一获此殊荣的创意产业学术界专家。厉无畏不仅从产业经济学角度较早提出创意产业是21世纪"朝阳产业"和"无边界产业"的注明论断，而且在去年的全国两会上，厉无畏首次创造性地提出了"创意农业"的新理念。今年两会上，厉无畏再次为我国创意产业的发展建言献策，作了题为"大力发展创意产业，推进经济创新和传统产业的升级换代"的重要发言，并提出了令各界高度关注的三点建议："将发展创意产业列入国家创新计划"、"尽快成立全国性创意产业协会"、"制定促进创意产业发展的政策"。

在全球化趋势不断加强，国际间竞争日趋激烈的今天，创意产业已经不仅仅是一个发展的理念，而是有着巨大经济效益和社会效益的直接现实。据联合国统计，当今世界创意经济每天创造220亿美元总产值，创意产业占全球GDP的7%，并每年以10%的速度增长（JamesPurnell，2005），大大高于全球GDP7%的增长速度。创意经济引发的热浪正以前所未有的传播速度影响着中国各地的经济发展方式，改变着传统的经营模式，也革新着人们的观念和思维方式。创意产业脱胎于文化产业又超越文化产业，是经济发展模式的一种创新，它强调用全新的思维逻辑方式融入现有产业实现价值创新，从而促进对经济运行系统的创新，对产业结构的优化和对区域综合竞争力的提升，实现经济发展方式的转变。创意产业正日益成为驱动社会经济全面发展的新引擎，这对正处于面临国际、国内双重挑战的中国经济来说，具有重要的战略意义。也许正是因为如此，厉无畏一直以超乎常人的热情和执著，投身于创意产业领域的研究与探索，而且是硕果累累，可以说，由他编著的《创意产业——城市发展的新引擎》、《创意产业导论》、《创意产业：转变经济发展方式的策动力》等，早已奠定了他在国内创意经济领域的领导者地位。

令人欣喜和敬佩的事，厉无畏在担任全国政协副主席以后，他还是不能忘情于学术，在繁忙的政务中撰写成又一新著——《创意改变中国》，于今年初由新华出版社正式出版，全国新华书店发行。全国人大常委会副委员长周铁农、英国创意集团主席约翰·霍金斯分别为该书作序。周铁农在序言中指出，《创意改变中国》为更多人打开了一扇认识创意产业的窗口，更为创意精英提供了创意产业的理论依据和实践指导。"本书提倡的'同心圆——创意产业价值系统'、'一项创意、多重使用'、'跨界融合'和'四种盈利模式'，是创意产业如何创造财富的精髓所在，具有较强的实践应用价值。认真学习体会将会有茅塞顿开的惊喜，相信对政府人员、创意产业、创意精英和未来的创意人才都具有一定的启迪作用。"周铁农同时评价道："这是他（厉无畏）纪念改革开放30周年和推动我国经济发展方式战略转型的一份献礼！""更多的年轻人看到的不仅仅是这本书的理论和观点，更能从厉无畏这位学者身上，学到一种精神——追求执著、探索不息、勤于笔耕、勇于创新的进取精神！"约翰·霍金斯也评价说："他（厉无畏）是一位能够推动中国创意经济全球化进程的有实力的领导人。厉无畏是回答这个问题的最佳人选：'中国创意经济的愿景是什么？'"

正如厉无畏在该书后记中所述，《创意改变中国》一书是对作者"近几年关于创意产理论研究及实践探索的一项系统研究成果，也是继《创意产业导论》、《创意产业新论》、《创意产业：转变经济发展方式的策动力》之后，又一本凝聚创意思想精髓与产业前沿研究的学术专著。"该书围绕"创意产业如何改变中国"这个命题，以更广阔的视野，从思想观念的改革、人的全面发展、企业的赢利模式、产业的升级发展、城市的综合发展到社会生态发展等各个层面，全面诠释了创意产业的深刻内涵，诠释了创意产业如何引领从微观企业到宏观经济与社会变革的全面转型。基于雄厚的理论研究和理论基础，厉无畏不仅大胆提出了"把创意变成生意，让智慧带来实惠"的创意产业的商业化运作模式，更前瞻性地预言：创业产业对发展观念、经济发展方式、价值创造方式，以及城市发展方式、社会生活方式都将带来革命性的改变，并因此最终改变世界、改变中国。

在《创意改变中国》一书中，厉无畏从产业经济学角度出发，深入浅出地阐述了发展创意产业，可以发展每一个人的创造力和潜能、培育创意阶层，提高产品（服务）的附加值，并为创意企业找到了基于产业价值链的赢利模式；创意产业的发展有助于传承城市文脉、保护历史文化遗产，提高民众文化素质，培育创意社群，从而提升城市文化品位，塑城市品牌形象，推动中国的创意经济，实现经济与社会的全面发展，因此说，创意可以改变中国！

从内容和体例来看，《创意改变中国》都具有权威性、新颖性和可读性三大特点。

（一）权威性

该书从宏观、中观（产业）和微观三个维度出发，对创意产业的理论体系和实现应用做了系统而严密地阐述了例证，全书引用了大量的国内外的最新资料，包括专著、论文、研究报告以及互联网上的相关资料，且皆注明出处，具有很大的真实性和一定的学术权威性。

从宏观层面来看，发展创意产业已是实现经济发展方式转变的策动力，其中，文化创意和科技创新是现代经济增长的双引擎，对我国产业结构调整、实现城市经济转型具有重要的推动作用。在当前全球金融危机、中国经济面临严峻挑战的历史时期，中国由"制造立国"向"创意强国"转变的大趋势不可逆转，发展中国家要在新一轮的全球价值链分工上占据优势地位，就必须走跨越式"蛙跳"的发展道路，而作为优势产业部门的创意产业就是实现跨越式战略发展的有效途径，也是实现经济发展方式转变的有效战略。面对当前金融风暴的冲击，创意产业不仅是重树民众信心的产业，也是走出危机的先导产业。中共中央提出要以扩大内需、促进增长来应对当前的国际金融危机，扩大内需特别是扩大消费需求，不仅包括物质消费，也包括精神文化方面的消费，在这样的情况下，创意产业正是大有可为的好时机。

从产业层面来看，创意产业的高渗透性、高增值性及其高融合性使其能有效地促进经济发展方式的转变。该书详尽地阐述了资源转化模式、价值提升模式、结构优化模式和市场扩张模式这四种典型模式，帮助我们理解创意产业是如何促进经济发展方式的转变。作者用"微笑曲线"理论和案例，生动形象地展示给我们看，为什么中国迫切需要调整产业结构、向附加值更高的价值链两端推进，通过产业升级提高企业盈利能力，提升城市综合竞争力。

从微观层面来看，创意型企业和个人可以从该书第三章的"创意产业产业全景价值链系统"中获得极大的启发，其中创意产业价值链构成、价值实现体系、创意资本构成和价值链实现路径等智慧的剖析，能够帮助企业发现价值，找到合适的赢得模式，实现价值最大化的利润目标。从该书引述的创意经济3T理论及创意阶层描述中，我们也能观察到不同于传统模式的创意人才管理和创意环境的营造，这些，对成长中的创意型企业都有很好的借鉴作用。

（二）新颖性

《创意改变中国》是一部有价值的理论创新著作，书中提出的"无边界产业"、"创意产业价值体系"等理论体系奠定了创意产业理论框架，而"创意农业""创意旅游"的价值体系建设，对推动我国创意产业的发展具有重要的指导意义。作者首先提出"创意产业是无边界产业"通过一定的机制可以和各行各业进行融合。创意产业是融合了商业、文化与制度的跨行业、多价值链的新经济系统。通过高渗透性、高增值性和高融合性的作用，产生高度个性化的新产品、新服务、新科技和新的商业模式，从而加速文化创意对第一、第二、第三产业融合，让创意的核心要素运用到周边产业中去，从而提升周边产业的产出价值，加快了产业结构升级的步伐。作者认为，认识创意产业，不能只看产业本身的经济产值，是要看由核心创意产业延伸出去的所有相关行业形成的价值链、产业群的总体经济贡献，以及创意产业促进人的发展和社会发展的社会效益。

该书对创意产业思想体系的贡献，还在于树立了一种全新的发展观，即创意产业是一种新的发展模式，它强调用全新的思维逻辑方式融入现有产业实现价值创新，是对传统经济发展模式的颠覆。创意产业的发展模式打破了基于传统产业链的模式，而是着重于构建创意产业全景价值链系统，即五个链条环节、五项价值锻造和四大资本要素共同构成的上下联动、左右衔接、一次投入、多次产出的综合体系。创意企业通过价值链分配来组织生产流程，在创意、技术、产品、市场有机的基础上构建起完善的产业系统，形成为所有提供创意服务的产业群，即一个包括核心产业、支持产业、配套产业、衍生产精炼一体的产业系统，从面带动一批产业的兴起，构筑起创意产业的价值体系。

（三）可读性

不同于深奥厚重的学术专著，该书的一个特点就是案例丰富、生动。

依靠编著者研究产业经济学理论的深度，接触社会、积累素材的厚度以及勇于探索、敢于创新的力度，全书列举了大量最新的中外案例，并鲜活地加以剖析点评，来谘明相关理论观点。同时配合制作多幅图表，避免过多枯燥的纯学术描述，更为直观、易于理解。在典型事例中，本书结合了各地发展创意产业的经验和实践展开论述，最现实的也是最有说的好教材往往来自于真实世界，这些案例点评充分支撑了理论的可信度和说服力。作者"以浅显的语言解答了很深奥的经济问题"，可以说，本书具有相当的可读性。

除此之外，笔者还认为，对于中国的经营者、决策者而言，更多的时候将创意产业革命的注意力集中在了文化创意这一单一的层面上。阅读《创意改变中国》一书，一方面有利于艺术创作的感性创造与产业经营的更改推广结合，实现物质、精神的共赢；另一方面也有利于读者打开思路，举一反三，在其它的领域也加强对创意经济的认识和开发。辅之以详细的案例，将国内现状和国际发展情况进行对比，也起到了好的认识我们在创意产业发展中的不足及上升的空间的作用。

今年2月24日，《创意改变中国》一书在北京举行出版座谈会时，北京大学生中国政府文化发展战略研究中心副主任、研究员易木在发言时指出："创意从仁爱、从见解、从信仰、从自由中升华出来。从我们头顶上的灿烂星空和我们内心崇尚的道德中流淌出来，厉主席的《创意改变中国》是一部"醒世恒言"，是一部生生不息的鸿篇巨著。为我们自由的思想，崇高的积存提供了产业化的机遇和出路。厉主席的这部著作把创意变成生意，让智慧带来实惠，把创意用知识产权凝固下来，用产业模式去发展，阶梯培养人才，缔造创意社群，打造创意阶层，引领社会生活方式，将创意经济、创意文化、创意农业有机结合，从城市到农村，以乡村包围城市，用朝阳产业包围中国，用创意产业改变中国，是《创意改变中国》一书的红线。厉主席的这部著作为我们提供了创意产业实现的思路和可能。他和我们一起分享创意这一饕餮盛宴，引领我们如何将创意产业化，引领我们发动文化和科技创意的双引擎！"

是的，《创意改变中国》既是一部学术扎实的著作，又是一部创意经济的"醒世恒言"！我们向厉无畏新著《创意改变中国》的顺利出版表示衷心祝贺！同时，谨以厉无畏在今年两会期间所说的一句话，与所有关注创意产业、投身创意产业的朋友们共勉："目前中国创意产业的理论正在日渐成熟，各地的实践探索也积累了很多经验，特别是各界都认识到了创意产业的重要性。所以我们可以乐观地说，中国创意产业已是经历风雨、走进阳光。"

（作者分别为四川省社会科学院原副院长和四川省创意产业协会常务副秘书长）

诗歌人生

　　厉无畏先生是一位儒雅的经济学家，同时也是一位充满丰富情怀的诗人，经济学思维与文化艺术思维的跨界融合，在厉先生身上得到完美体现，"兴于诗、立于礼、成于乐"，厉先生日后能够在文化创意产业领域成就大器也就如水到渠成般自然。厉先生擅长以诗歌抒发人生情怀，感悟生活真谛，一首首诗歌是他精彩岁月的心灵记忆。《寒窗诗话也情浓》和《快乐诗话亦情深》叙述了一位经济学家的诗歌人生。

寒窗诗话也情浓

——一个经济学家的诗歌人生（一）

于雪梅

师从厉无畏先生多年，一直不知他会做诗。本来嘛，先生是著名的经济学家，在产业经济学、计量经济学、管理科学等领域都有卓越的建树，可以说，在经济学界造诣非凡。然而，根据我朴素的直觉，经济应该距文学艺术差之千里，更何况，诗歌是文学艺术殿堂里那道最绚丽的光华。

记得那次在武汉机场，由于返沪的飞机延误，我一个人寂寞地翻着一本友人从台湾带回的书，一段有关经济与文学艺术的精辟论述让我牢记至今，也因此成就了那次武汉之行在我记忆中的永恒地位：文学艺术与经济似乎是两个永远也无法交融的领域。文学艺术就像是一位迷人的美女，聪慧、机智，浑身充满了神秘的味道和摄人的魅力，使你总想去接近、探究，又唯恐惊了伊人的恬静；而经济就像是一个中年发福的商人，微微秃顶，消化不良，喋喋不休，总之，就是你长途旅行最不希望坐到你边上的那个人。读罢，我先是大笑，旁若无人；后是大悲，念自己学完文学学文化，学完文化学经济，这许多年来，从形而上到形而下，从阳春白雪到下里巴人，就这样一步步地走过来，真是——自甘堕落。

我自说自话地认为经济与文学艺术之间隔着千沟万壑，除了有台湾友人的上述佐证，更"得益"于我对经济的无知。还清晰地记得刚入师门的时候，听厉无畏先生的"计量经济学"，简直惊呆了！一堂课下来，除了先生讲述的那个有关博弈的例子，其余的一概不知。我盯着讲台后先生的眼睛，是多么的慈眉善目；听着先生的讲解，声音平和，语言流畅。可是，为何？字字句句，都是母语，拆开了看每个都再熟悉不过，连在一起竟无法领会其意的分分毫毫？我在心里大叹："真是太恐怖了！"——"恐怖"一词在我的字典里是"敬佩"的最高级——于是，我等量代换：既然学文学的我对经济一窍不通若此，那么就算搞经济的人懂文学，最多也就是一知半解罢了。

就这样自以为是地浑浑噩噩了许多年……如今，手捧先生的诗作，有幸读之、诵之、析之、赏之，心中的喜，宛若弥散于天地之间的霞光紫气，盛大而饱满。然而，心中挥之不去的是惴惴的不安，说白了，就是一个"怕"字，真的很怕辜负了先生的好诗。世俗的我如何能够领会得了先生诗中的雅意？手中的淡笔，又如何能够描画出先生诗中的万千意象？

一、故园情

第一次读到厉无畏先生的诗，是在偶然翻阅的一本诗集里。说是诗集，实际上是某部门某年诗歌创作比赛的作品汇编。那里面的作品，看着都很像模像样，特别是有那么几首，对仗工整、平仄有序，连韵都压得结结实实，让我忆起了年少时随父亲回大连乡下的老家过年时见到的那些可爱的小丫头们。新春里的她们，头发梳得一丝不苟，穿着簇簇新的花棉袄，扣子扣得整整齐齐，还时不时地拉着衣角，就这样站在贴着大红春联的房门口，嘿，看着还真像是那么一回事儿！这些诗，看着顺眉顺眼，读着朗朗上口，真心觉得像极了赵本山小品里的段子……就这样极不恭敬地翻着、读着、笑着，于是，看到了先生的诗，那仿佛是陷在砂里的一粒金，独自熠熠发光，让我先是惊艳，再是自惭，继而慢慢学会谦虚，懂得不再年少轻狂。

中秋寄情

大江潮动月团团，秋气清高笼远滩；

风雨曾经翻浊浪，山河毕竟展新颜；

故园消息花如锦，月夜乡音曲共弹；

迢递梦魂牵两岸，何时东海起归帆？

先生的这首七律，无论从语言、形式还是从立意上来看，都堪称该诗集中的翘楚。短短几句，先是勾勒出江水、明月、故园、乡音一派融融之意，将身边寻常事物写得楚楚动人。层层叠嶂过后，最终显出最后一句的峰峦："迢递梦魂牵两岸，何时东海起归帆？"作者面对着滔滔的江水，高高的明月，茫茫的远滩，心情大概也如同那涌动的江潮一样，跌宕起伏，无法平静。作为民革的领袖，在中秋时节，先生心里惦念的当然是海峡对岸的至亲骨肉，当然是尚未归家的同胞兄弟。何况，曾经浊浪汹涌的家园如今已是繁花似锦，离家多年的游子也该回归故里。眼下，月虽已满，人未团圆，先生不由得叹问：何时？归来？共弹乡曲？共叙乡情？这是魂牵梦绕的愿望！

德国著名浪漫主义诗人诺瓦利斯曾说："诗是对家园的无限怀想。"在厉无畏先生的这首七律中，饱含着浓浓的乡意，惹人动情。先生担任民革中央副主席、民革上海市委主委至今已整整十年，对台湾的情和义、对统一大业的热忱早已融入到先生的血液中。月圆之际，赋诗一首，遥望对岸，诉说离情。

这首掩埋在平庸诗集里的好诗很快就被各大报刊转载。然而，我发现，有好事者将开篇的"月团团"改为"月团圆"。一字之差，使意境深远的诗句变得平白了许多，原来的融融暖意、殷殷思绪、切切想念均荡然无存。我很有些替先生愤愤不平，但他却不以为然。先生一向平和谦让，大度宽容，多年来，他的学术观点、论著不知被剽窃几多，他一直都淡然处之。此番只是诗中的一个字而已，他自然不会在意。想来，他人自作聪明若此，作者本人也只有一笑了之了。

二、春意暖

我等弟子见到先生，除了请教学问之外，就是琢磨着如何能够创造机会和先生一起喝酒。先生懂酒、爱酒，早已不是秘密。我们之所以嚷嚷着和他老人家聚酒，实在是因为那真的是一场场风花雪月的事，每次大家都笑作一团不说，人人总是会染上一些磅礴的（酒）仙气。

记得一次聚会，先生喝酒兴起，将在座每个人的名字都编成了一句诗，为热闹的酒桌增添了不尽的诗情画意。那一天，最得意的是我，因为先生赠予我的不是一句诗，而是他多年以前写就的一首诗：

题画——太行风雪
百万玉龙动细尘，深山老树又妆银；
缘何雪路铃声急，人比红梅早觉春！

这首七绝写于1977年春。那时，"文革"刚刚结束，敏锐的先生已经察觉到大地春回的迹象，于是，借"太行风雪"画，赋七绝一首。在这首诗中，我最喜欢的是那个"急"字。大雪，深山，银装素裹的老树，漫天飞舞的雪花，深深皑皑的雪地，却传来急急的铃声。为何？原来，赶路人已在这漫天的冬雪中嗅出了春的味道，被雪掩盖的梅也只能自叹不如。因此，才会，急了又急，踏着雪路，走出被大雪笼罩的深

诗歌人生

137

山，去寻找春天。一个简简单单的"急"字，将作者迫不及待的心情刻画得淋漓尽致，内心中的企盼、兴奋、甚至还有一丝焦灼，都融化在这样一个"急"字里，让人读来感动不已。

一年过后，也就是春回大地的1978年，厉无畏先生又作诗两首：

迎 春

（一）

吹水东风又拨弦，轻歌一曲唱新年；

云随归雁莺啼晓，雨落清江柳泛烟；

直把百花奇丽色，画成一片艳阳天；

赏春何处春光好，笑指家乡雨后田。

（二）

声声鸟鸣动心弦，遥望山川忆旧年；

曾经雪压凝寒雾，毕竟春来化紫烟；

喜得东风吹密雨，爱看芳草接晴天；

诗情未已凭栏处，直欲飞巡万顷田。

与一年前的诗作相比，这一次，春天真的来临了！第一首，满怀着喜悦之情。春风拂面，春水拨弦，春歌缭绕，春光无限。雨过天晴，柳翠莺啼，百花争艳，艳阳满天。明媚的春色让人喜上眉梢，更喜的是，这是故园的春色。第二首，饱含着凌云的壮志。鸟催人起，遥想当年。虽然曾经风雪漂泊，寒雾弥漫，但是，毕竟，眼前的芳草碧蓝天让人心动不已。最后的那句"直欲飞巡万顷田"一转前诗的妩媚之意，一展纵心任情的姿态，使全诗媚中带刚，令人回味无穷。

1978年，刚刚恢复高考。那时的先生已渐入中年，没有资格进入大学求学。于是，先生直接报考了上海社科院产业经济学的硕士研究生，并一举中第，由一名工厂里的临时工转而成为当时最高学术殿堂里的一员。考前的几多艰辛仍历历在目，生命中最宝贵最绚烂的时光也已逝去，但是，毕竟，生命的春天终于来临了！因此，"直欲飞巡万顷田"，直欲振翅高飞，直欲大展宏图。

几年以后，先生圆满结束了研究生的学习，获得了当时还非常稀贵的硕士学位，于是，又赋诗一首：

春游桃园

小园尽日好徘徊，仙草名花一路栽；

不是东君还故地，红颜碧玉为谁开？

经过多年的寒窗苦读，作者终于学有所成。在诗中，他自喻为"仙草名花"、"红颜碧玉"，得意之情溢于言表。诗中最巧妙之处还在于，作者在洋洋自得之时，深情款款地道出：若不是有总设计师的指点江山，又如何能够上演这春天的故事？这首诗，曾经打动过许许多多像先生一样的知识分子，他们历经了无数的人生苦难，终于盼到了拨云见日的那一天。全诗语淡而气象浓，脉脉动人。

三、倚寒窗

厉无畏先生的博学有目共睹。自上世纪八十年代初以来，先生先后在国内外的报刊上发表了约300篇论文和调查报告，主编、合作撰写和翻译了20多部专著，获得省部级优秀成果奖10余项。"著作等身"在我等弟子眼中是高不可及的理想，但在先生那里早已成为事实。有如此学识渊博的导师，实在是学生的幸事，于是，我们偶尔也会放纵一下自己，迫不及待

诗歌人生

地将导师的"丰功伟绩"诏之于众：若不是先生生得伟岸，"著作等身"恐怕更早就已实现。

先生的学问多出自自学，至少治学的基础多出自自学。1959年。先生高中毕业，因为家庭成分的原因，无法进入向往已久的大学深造，而是被下放到安徽。几年之后，先生回到上海，先在多个中小学校里担任代课教师，后是在数家工厂里做临时工，直至1978年考上研究生。在这20年的时间里，读书成了先生生活里最大的乐趣，也是每天必做的功课。那时的先生，只要一有空闲，就会翻出父亲珍藏的各类书籍钻研，常常欣然而忘寝。他先后自学了数学、经济管理、哲学和历史等学科，那时的积累，使先生在日后的治学中获益匪浅。

1978年，先生总结多年自学的心得，赋《登山》诗三首。

登　山

（一）抓藤践石

眼前峭壁险峰拦，不是仙家不敢攀；
莫笑今来狂妄子，抓藤践石不知艰。

（二）更上层楼

攀山越水几时休，半路风光何足留；
立志欲穷千里目，何辞更上一层楼！

（三）祥云绕身

一入深山满目新，花飞树密草如茵；
峰前红日凌空起，便有祥云绕我身。

这三首七绝，感发自王国维的读书三境界，先生以登山喻自学之三阶段，可谓是作者二十年自学的深切体会。与王国维在"昨夜西风凋碧树，独上高楼，望尽天涯路"、"衣带渐宽终不悔，为伊消得人憔悴"和"众里寻她千百度，蓦然回首，那人却在，灯火阑珊处"中所阐述的"知、行、得"读书三境界相比，先生的自学三阶段更显豪迈和坚韧。

第一阶段是"立志"。作者在诗中虽然也自认为年少轻狂，但胸中的凌云壮志跃然纸上。面对眼前的峭壁险峰，毫不畏惧，不觉艰险。第二阶段是攀登。在诗中，作者的勤奋与执著感人至深，有一种不达目的誓不罢休的豪迈气势。虽然也翻山越岭、路途艰辛，但作者仅将此一句带过，更多地表达了一种不知疲倦、定要更上层楼穷千里目的豪迈气概。第三阶段是博览。在这一阶段中，作者描绘了一派学有所获、学有所成的绚丽景象：眼前花飞树密，绿草如茵，红日凌起，身畔祥云缠绕……读来令人向往不已。

王国维在他的读书三境界中，非常贴切地阐述了从"知"到"行"再到"得"的三个发展阶段。然而，在他的表述中，茫然、孤独、艰辛几乎贯穿了读书的整个过程。与此相比，先生的自学三阶段就豁达开朗得多。我相信，在先生自学的二十年间，在那样一个恶劣的大环境下，先生一定也曾经满心茫然，倍感孤独，衣带渐宽，人渐憔悴，众里苦寻……但是，在先生的诗中，有的只是果敢、坚韧、勤奋、无畏，令人深深叹服。

四、芳华现

读厉无畏先生的诗，经常有穿越岁月风尘、沉甸甸扑面而来的沧桑感觉，两首分别写于1970年和1996年，同名为"梦"的诗，就是这样地令人感喟。

梦

（一）

依稀梦里一帆风，欲向仙山探险峰：

但见前程几万里，都在惊涛骇浪中。

（二）

神游仙园最高峰，南北东西树万丛；

满地满天皆著紫，忽然花落一身红！

这两首诗相隔20多年，因世事变迁，故梦幻各异。

第一首，虽然不乏奋进之意，但多多少少透着一股悲凉。其时，先生由于家庭出身问题，正辗转于不同的工厂做临时工，满腔抱负，也只能在梦境中施展了。然而，即使是梦，也不是一帆风顺，但见前程波涛汹涌，万里无涯。

我翻阅先生当时写的许多首诗，或奋进，或悲凉，或平淡、或高涨，或嗟叹，或自勉，无论诗的意境如何，我读起来总是难免暗自心酸，似乎不忍去触摸那段已被历史尘封的艰苦岁月。但是，先生自己讲起往事，却谈笑风生，仿佛那不过是生命之歌的一小段插曲而已，如今回味起来，也并不全是悲苦。

先生的豁达与超脱令我汗颜。想想自己常常为无端琐事困扰得咿咿呀呀长吁短叹，何至于此？于是向先生讨教，先生笑曰：无他，唯少年不识愁滋味耳。

《梦》的第二首写于1996年，那正是先生当选上海市政协副主席之时。铺天盖地的花团锦簇宛若梦境，先生于是在诗中叹道："忽然花落一身红！"在这首诗里，我最喜欢的是那个"忽然"两字。在作者看来，一切都是那么的出乎预料，没有刻意的追求，没有矫情的扭捏，原来只是，忽然之间花落了一身红，而已。自然，坦荡，从容，淡定，诗如此，面对功名，难得的是，人也如此。

另两首《赏梅》，堪属我的最爱。

赏 梅

（一）

踏雪寻梅身染香，苦吟人道半痴狂；
伫看玉璞晶莹态，忘却西风一脸霜！

（二）

独占风情情不痴，花坛漫步步未疲；
愿将傲雪凛霜意，共此新春岁首时。

这两首诗分别写于1972年和1997年。在诗中，作者借"梅"来比喻自己的理想，以"赏梅"来抒发25年间的情怀。

25年前，作者执著于自我的理想，殷殷期望着理想的实现，即使旁人在侧说三道四，也没有丝毫的动摇，甚至忘却了身处的逆境。理想，那是怎样的一派美丽景象啊！我无法描述，只能借梅诉说：香气绕身，玉璞晶莹。

25年后，作者痴情不改，步履不摇，已经进入傲雪凌霜的境界。寓意深远，雄浑豪迈的诗句，让人爱不释手。作者将自然的美与心灵的细腻、生活的细节和人性的崇高深切地融合在一起，似浑然天成，尽显才气。

2002年，先生步入花甲之年，彼时，恰逢国家正处于快速发展之中，先生欣然提笔赋词一首。

诗歌人生

143

调笑令

骏马，骏马，

万里长风直下，

驰骋锦绣山河，

大江峻岭唱歌，

歌唱，歌唱，

红日一轮初上。

先生属马，在这首词中，他描画了一匹骏马意气昂扬地在祖国的锦
绣山河间奋发驰骋的雄伟画面：骏马奔腾，长风直下，山河歌唱，红日初
上！短短几个字，一股浓浓的豪迈之情便跃然纸上。先生当时虽然已经花
甲，但是在这首词中却没有流露出丝毫的安享晚年之意，而是把在自己比
喻成一匹老当益壮的骏马，正迎着初上的红日，和着山河的歌唱之声，如
长风直下般一路向前奋飞。先生对祖国山河的热爱、投身于建设山河的满
腔热忱，在这首词中表现得淋漓尽致。

五、闲情趣

厉无畏先生身为上海市人大副主任、民革上海市主委、社科院部门
所所长，同时还身兼多个协会会长、社团团长、大学教授，同时还要花费
无数心血来教导如我这般愚笨的弟子……我对先生说："换了我，要疯
了。"继而又问："你如何能够把生活和工作安排得井井有序？我自己的
一点儿小事都被我打理得乱七八糟。"先生笑答："混呗！"

时隔不久，见一多年好友，喋喋不休地向我抱怨着他的焦头烂额。我
挺直了腰杆，居高临下地用先生的话教育他，仿佛那是发生在我身上的丰

功伟绩。他听后，惊叹："你导师不只是个经济学家，也是个哲学家。一个'混'字包含了无限内容。'混'的好体现了知识、能力、素质、修养以及良好的社会关系的协调统一。"

先生的从容令周围的人无不叹服，他的才气与情趣在如今急功近利的世俗环境下更显得难能可贵。情雅成诗，爱淡成词，先生的闲情雅致自然成就了不少好诗。现摘录几首如下：

苏堤春晓

晓雾透红姿，湖光影动奇；

画桥三四曲，垂柳万千丝；

历代繁华梦，空余纸上词；

缥缈香雾里，一任醉心驰。

海滨观日出

水云压雾未曾开，万里波涛拍岸来；

眼见蛟龙翻翻翻，心追海燕傲霓雷；

一轮红日腾霄汉，万道霞光放彩瑰；

海阔天高春意涌，浪花朵朵净尘埃。

游南北湖　登鹰窠顶

双湖荡碧水悠悠，叠嶂层层翠欲流；

海浪松涛融入谷，月华日晕共升楼；

寻踪谭岭应有意，驻足青峰却无求；

若得偷闲休片日，与君相约泛莲舟。

先生的这几首诗皆为外出巡游时所作，有晓风残月的温婉，更不乏激荡壮怀的雄放。诗中言辞或自然或华美，意境高远，带着浑然天成的神韵。

先生喜欢在诗中运用流水对，一气呵成，畅而不隔，如行云流水，妙韵天成。流水对使整首诗意象流动，习习欲飞。先生的诗构思新巧，炼字精妙。那句"眼见蛟龙翻蠖蠼，心追海燕傲霓雷"堪称完美，对仗雄浑工整，气势磅礴，上下联是云旁对雨头，真是天然妙语！

读了先生的闲情诗，惊艳之余，总是会不由自主地盼望，自己也能够偷得片日闲，一任醉心驰。

跟随厉无畏先生多年，我在跌跌撞撞了无数次之后，才终于明白，经济与文学艺术的完美结合才是我所追求的最高境界。近几年来，先生醉心于创意产业的研究，并成为该研究领域的领军人物。当下，创意产业发展方兴未艾，创意产业的研究大军日益雄壮，人人唯先生之马首是瞻。创意产业，是将经济与文化相结合的新型产业。领军这样一门产业的研究，除了先生，又能是谁？有几人能够既具备经济学家的缜密、敏锐，又拥有诗人般的情怀和思绪？如今，先生成为创意产业研究的泰斗，实在是水到渠成再自然不过的事情。

作为学生，我苦读数载，不是不够聪慧，也不是不够用功，但多年过后，仍然只学得先生的一些皮毛，所获不过十之一二。跟随先生研究创意产业，越来越深谙其中的妙处，但总是跑得气喘吁吁也跟不上先生的步履。渐渐地，我开始明白：面对的越是博大精深，就越容易迷失方向，但是不管怎样的跌撞，不知不觉中已经成长。寒窗虽苦，但诗话情浓，这是先生的诗，我拿来自勉。

（作者为同济大学出国培训学院院长、教授，2006年—2008年在上海社会科学院应用经济博士后流动站学习，师从厉无畏先生。）

快乐诗话亦情深

———一个经济学家的诗歌人生（二）

蒋莉莉

厉无畏先生喜欢诗词创作。诗歌，是文学殿堂那朵最绚丽的奇葩。无怪乎先生是我国的"创意产业之父"，因为先生既是经济学家，在计量经济方面有很深的造诣，又有非凡的创意水平和深厚的艺术修养。经济学，特别是计量经济学是颇有科学色彩的学科；而文学，却是相当浪漫柔美，充满创造性的学科。18世纪法国文学家福楼拜曾说："艺术越来越科学化，科学越来越艺术化，两者在山麓分手，有朝一日，必将在山顶重逢。"当经济学和文学重逢，便演绎出了现代文化产业的繁荣故事，文理结合是先生诗词创作风格的特点之一。看到一位记者采访先生的报道，问先生研究创意产业和写诗有何关系？先生的回答很简单，他说："也许两者并无直接关系，但子曰'兴于诗、立于礼、成于乐'，你可以从中去理解。"

诗词创作的意境来源于生活，先生创作的最大源泉就是生活。先生说自己早年生活非常困苦，在艰辛的间隙就以诗词创作来丰富业余时光。现在的我，无法去触摸到先生这段充满辛酸而尘封已久的记忆，但依旧能感觉到先生早期的诗作中充满着以苦作乐的奋进精神。中年之后，先生成就彰显，诗作中充满着对岁月的感怀，有一种由衷的平和与快乐。社科院部门经济研究所是先生工作过的快乐驿站之一，任所长长达十一年，当时先生还任上海市政协副主席、上海市人大副主任。因为先生的宽容治所，部门所成了一个快乐研究所。再后来先生调至北京工作，任全国政协副主席和民革中央常务副主席，到全国各地开会、布道、讲学，应邀即兴题诗词也不少，读来颇感先生功底的深厚和才思的敏捷，诗作中更是蕴含着创意和饱满的快乐。

一、求真理

先生出生于知识分子的家庭里，父亲曾获美国经济学博士学位，先后是复旦大学和上海财经大学的教授。父亲是先生的启蒙老师，先生从小耳濡目染了知识的存在形式，后来先生更是注重知识的价值，并一直坚持不懈追求真理。父亲是统计学方面的专家，先生子承父业、精通数学，先生一直是计量经济学方面的专家。

先生以追求真理为己任，且锲而不舍。起初，先生在计量经济学和产业经济学领域卓有建树。从1992年开始，先生关注和研究文化创意产业。在我进社科院部门所的时候，虽然那时先生还是我们的所长，身兼数职，行政事务繁多，但是他发表的论文常被人大复印资料或新华文摘转载，他的年终科研成果在所里排名始终名列前茅。

如今先生身居高位，但他仍孜孜不倦，追求真理。到北京之后，仍笔耕不辍，每年还坚持发表十几篇论文及文章。如果以他的科研成果放在我们所里排名，依旧名列前茅。到现在我还是没有弄清楚先生是怎样安排好时间的，因为他的日常工作可以说是日理万机。在这样繁忙的工作中居然坚持科研，况且还取得如此大的成就真是难能可贵。

先生追求真理，可从下面的七绝中可见一斑。

七　绝

雨后新枝节节伸，　满山青翠满山春。

幽篁闲坐听丝竹，　品味乡村美善真。

　　子曰："仁者乐山，智者乐水。"先生喜欢水，更喜欢山。2009年4月先生在浙江安吉参加新农村建设和发展观光农业研讨会，作演讲并考察安吉（竹乡）美丽乡村建设，应邀而题诗一首。这首七绝的意境非常清新：细竹的新枝在雨后一节一节地伸出来，抬眼望去满山是碧绿葱郁的嫩竹，这种翠绿让人感到春天的脚步就在眼前。在幽静的竹林里悠闲得坐着听远处飘来悠扬的笛声，品味到了安吉乡村建设的美丽、善良和真实。

　　关于幽篁自有出处，唐代诗人王维在《竹里馆》写道："独坐幽篁里，弹琴复长啸。深林人不知，明月来相照。"幽篁在该诗中是指幽静的竹林，后来一直被引用。丝竹是管乐器和弦乐器之总称，泛指音乐，先生的诗中特指笛声的意思。

　　安吉是竹乡，这首诗中的主体是竹子。竹子与梅、兰、菊被并称为花中"四君子"，它以其中空、有节、挺拔的特点历来为国人所称道，成为人们所推崇的谦虚、有气节、刚直不阿等美德的生动写照。诗中第一句的雨后，竹子新的枝叶一节一节伸出来，一个颇具拟人色彩的"伸"字，为整首诗添加了动感。还有第三句的"听"字，让整首诗的趣味立马从景致提升到情致，闲情品味扑面而来。

　　对我而言，这首诗特别亲切，我很喜欢这种满山青翠的感觉。记得自己的童年时代，常会在满山青翠的时候，约上一群小伙伴，一起去采摘生长在陡岩峭壁间的深红色杜鹃花。手中的杜鹃越来越多，却总觉得不够，不愿下山。其实，不是因为嫌花采得太少，而是因为山上的风光实在令人留恋，就像先生的诗中所描述的那样。现在想来，儿童时代的心里已经有

诗歌人生

149

了一种朴素的对于美善真的辨识与欣赏。

乡村的本质就在于真实、朴质、是种原生态的存在。先生很喜欢这种真实，他一直认为只有真实、善良才会美丽，真是善和美的基础。因此，先生不惜花费时间和精力去追求真理。

二、爱无疆

人生最大的艺术就是爱的艺术。先生的外公蒋作宾，对先生的影响非常大。蒋先生是著名的辛亥革命元老，是同盟会第一批会员，辛亥革命后出任陆军次长，后任国民政府驻德、驻日大使。蒋先生是具有雄才大略、大义凛然的革命家、军事家和外交家。先生出生只有几个月大的时候，外公就去世了。蒋先生留给先生最大的精神遗产就是要不畏艰辛、热爱祖国。

为了完成外公的遗愿，先生加入了中国国民党革命委员会。记得先生曾说过，自己早年加入民革，那时坐火车去贵州参加一个项目的调研后让他写成报告。一位已故的民革中央领导非常赏识先生的文笔和洞察力，后来就提拔先生，如今先生成了民革中央常务副主席。先生对党派工作倾注了极大的心力，他提出：党派工作也要拆除围墙，从封闭型、半封闭型向开放型转变，要跨出统战系统，扩大与社会各界、与政府部门的联系，并积极参加社会实践和调查活动。

2011年恰逢纪念辛亥革命100周年，中国政协杂志社举办诗词创作和书法展，因先生是辛亥革命元老的后裔，又是民革的领导，故邀请先生参与组委会并带头创作。遂作一词一诗如下：

辛亥革命百年感怀，调寄浣溪沙
洋务维新竟未成，内忧外患祸频仍，武昌枪响迅雷崩。
专制皇朝旋瓦解，共和基业始龙腾，百年鼎革早潮生！

该词铿锵有力，先生用简洁的语句表达了对辛亥革命的感想和怀念：洋务维新运动没有成功，内忧外患祸端频繁，这时候武昌革命的枪声如惊雷般响起。专制的封建王朝迅速土崩瓦解，共和基业开始龙腾虎跃，一场轰动百年的巨大革命如潮水般汹涌而来。

先生用他的智慧以参政议政的独特方式去热爱祖国。参政议政20余年先生在全国政协或全国人大上的议案、提案涉及防范金融风险、加速建立社会保障体系、建立我国石油储备制度建议、宏观经济、经济体制问题、发展文化创意产业的建议等方方面面。先生的建议和对策深入浅出、观点新颖、特别管用。

先生一直在探索参政议政的新形式，他曾应邀先后9次率上海民革系统的专家前往新疆生产建设兵团、四川、内蒙古等地讲学，咨询。所到之处，大家都说先生的报告"深入浅出、特别管用"。这也正是先生追寻的提高民主党派参政议政实效的目标：针对性、宏观性、可操作性。

七　律

激荡风云一百年，而今酹酒忆前贤。
中山早谱共和曲，华夏长留首义篇。
攀越焉能忧曲折，革新更不惧危艰。
期乎共补金瓯缺，携手驰奔世界先。

激荡风云一百年，如今的人们举着酒杯怀念以前的贤士。孙中山先生早就谱写好了共和的基调，华夏大地长久得留着这义举篇章。攀越高峰怎能担心曲折，革新更不能惧怕危险和艰难。期待着祖国能够早日统一，让我们手拉着手跑向世界领先的位置吧。2011年9月20日，《中国政协》杂志纪念辛亥革命"百年风云"专刊发表了先生的这首诗，经评选此七律获创作优秀奖。

三、舒开怀

先生的生活非常简朴，记得第一次见先生的时候，我是以一名杂志记者的身份随机到他办公室采访他。先生非常随和，那时时任上海市人大副主任，可是他却穿着一双黑色的布鞋，他的茶杯居然是用旧的玻璃罐子。当时我在想，哦，用玻璃罐子做茶杯可能是经济学家对循环经济这个理念的身体力行。那为何穿布鞋呢？我非常惊讶和纳闷，到后来才明白，先生的日常生活以简单和舒适为基准。布鞋虽然不好看，但是穿着很舒服，记得后来随先生外出调研，他上车的时候，都喜欢穿布鞋。他的办公室里也经常放着一双黑色的布鞋。

《圣经》新约里记载，"爱我的，我也爱他；恳切寻求我的，必寻得见。"先生在上海市民心中拥有一定的美誉度，经常会有市民前来寻求帮助。他去北京之后，也常有人来社科院他以前的办公室找他。这些人多数是在文化创意和传播途径上遇到了问题。作为先生的研究助理，我告诉他们，先生现在已调到了北京工作，并以自己的绵薄之力，力所能及地帮助他们。

正是这种宽和的品质，先生无论到哪一个地方考察，都能由衷地感受到当地的美好，并且发现当中的正能量，加以抒写。2012年7月10日至12日民革中央在南阳开常委会，11日南阳市长请先生去考察南水北调中线工程和丹江水库。参观后邀请先生为南阳题诗。

南丹阳江口·七绝

一汪清水出丹江，远送京城韵味长。

不是龙王行雨意，中央调水启南阳。

把丹江的优质清水调送北京意义深远，解决华北缺水的困难，并让京城人民能喝到干净的水。这不是龙王的旨意，而是中央的决策，而这决策启动了南阳，南阳在支持这一伟大工程中也找到了自身发展的机会。

人们常用大海来形容宽和广，但比大海还宽广的是人的心胸，先生的胸怀非常宽广。这是在他身边工作过的人有目共睹，能深切感受的。我常在他面前以某某事情而不然，为某某人的行径而愤愤不平的时候，他却说，这很正常，其实这又没啥的。就是我自己常在他面前行错事，说错话，他从来没有责怪过。我不知道先生的这种平和与包容源于何方？时间久了，我才慢慢地感知到，其实是先生常心怀感恩，心存美好。

游盘锦红海滩·七绝
红日红霞红海滩，美餐美景美心田。
喜看盘锦繁如锦，来日将花锦上添。

从以上这首游盘锦红海滩的七绝中似乎可以找到答案。盘锦是全国首批36个率先进入小康的城市之一，是全国优秀旅游城市、国家级生态建设示范区，综合实力居全省上游。先生在考察了盘锦的社会经济发展情况后还参观了著名的国家级自然保护区——红海滩。红海滩位于辽河出海口，是大自然孕育的一道奇观。它是由碱蓬草繁衍而成的——虽植株矮小却茎叶繁密，无需人工培养，能在盐碱咸泽中生长，具有顽强的生命力。

先生观后感想良多，遂即兴赋诗一首，其大意是这样的：眼前是红色的太阳、红色的朝霞和红色的海滩，丰盛的餐宴加上这样美丽的景色顿使我的心田美滋滋的。非常高兴看到盘锦繁荣似锦的景象，相信不久的将来无论盘锦的自然景观还是人文景观都会锦上添花。先生表示愿为此作贡献（先生赴辽宁演讲、视察指导也是一种贡献）。难得的是这首短诗里红、美、锦各出现三次，不仅不感到重复累赘，而更显景色和情趣。

153

我在猜想，是先生心存美好景象，比如诗中的红日、红霞和红海滩这幅美丽画面，加上先生经常拥有的感恩之意，当然还有对生活的感悟，造就了如此豁达的心境。先生也常教导我要学会感恩，是呀，只有学会感恩才能懂得生活的真谛！

四、乐情趣

先生挚爱文化创意产业，并在此领域硕果累累。我曾请教过先生，问他为何会如此执著于文化创意产业，他说自己寻寻觅觅了许久，发现研究文化创意产业最快乐、最有趣。

文化成了当今中国社会发展中的一枝独秀，因为文化可以兴盛一方。先生在此领域乐此不疲。先生觉得研究此领域之所以有快乐的感觉，还在于文化可以成为一股赶超的力量。由于政治、经济、文化三者之间相互促进、相互制衡，进而会促进社会和谐发展。

2012年8月25日，先生在吉林省的延边自治州考察。延边在民族自治州中民族和睦相处，经济社会文化和谐发展，并多次受到中央表彰。2012年9月3日该州将进行建州60周年纪念活动，所以先生应邀题诗。

七　绝

和谐发展六十年，盛世边城展新颜。

包容多样添创意，文化强州勇争先。

和谐发展了六十年，在和平盛世的环境下，这座边城出现了新的面貌。包容和多样的氛围会增添创意，延边在进行文化强州建设，也是这股建设的力量使得延边在勇敢的争取社会建设中的领先地位。

先生的爱好非常广，年轻的时候喜欢溜冰、乒乓球等运动性项目，后来喜欢趣味性活动。他唱歌也不错，过去所里搞活动常和大家一起快快乐乐唱唱歌。先生常说，打牌可以益智，偶尔他清闲的时候，就会约上几个旧友或者学生打得津津有味。先生特别喜欢创意性的搞笑，在他的诗作中，也有一些创意搞笑的名词。比如：

2003年民革上海市委应太仓市委之邀，赴太仓考察港口建设和沙溪古镇的开发建设。先生在沙溪考察后应当地镇政府之邀题词，有感而发，仿元曲题一首：

天净沙·太仓沙溪古镇

古城新貌飞花，石桥春水树丫，大道东风铁马。

旭日朝霞，沙溪人创新家。

马致远在元曲《天净沙·秋思》写道："枯藤老树昏鸦，小桥流水人家，古道西风瘦马。夕阳西下，断肠人在天涯。"该元曲的意境非常清幽寒美。

而先生的笔调则异常欢快：古城新貌和飞花，石桥下面是向东流去的春水和河边倒影的树丫，宽敞的大路上边吹的是东风，开着的是汽车。从旭日东升到朝霞绽放，崭新的一天马上就要开始了，沙溪人在创造新的家园。这里的旭日朝阳表示沙溪人明快的心情，和夕阳西下的断肠人形成鲜明的对比。此外，旭日朝霞还有引申义，表示沙溪在大家的努力下其建设发展如同旭日东升、绽放霞光。先生创作该曲最搞笑之处就是将瘦马创作成铁马，原本曲中的交通主角是体小虚弱的马，如今在改革的东风中唱主角的是各种汽车。人们的生活真是今非昔比啊！

除了拥有创意性的玩笑趣词，先生每到一个地方，都会因时因地而异，发现其中的美丽与情趣。我想文化创意产业之所以有创意又有产业，那确实因为有先生这样的先导，既有强烈的经济逻辑思维，又有非

诗歌人生

常风雅的文学趣味。

2011年6月17日，先生应邀在青田参加世界青田人大会暨刘基诞生900年纪念，会后去参观当地名胜石门洞景区。应邀题词，偶得一诗：

七　绝

瓯江丽水碧悠悠，秀岭青田翠欲流。

石门胜景芬芳地，悟道寻踪好探幽。

瓯江和丽水绿悠悠的，秀岭和青田绿得也像在流动。石门洞天是花草盛开的地方，真是寻踪悟道和探幽的好去处。石门洞并非洞，而是似洞的洞天，景内有名人遗迹，如刘基在此地书院学习，题有"千读百温"。故到此游览既可探幽，还能悟道和寻踪。此诗还巧妙地把丽水市和青田县两地名嵌入诗中。

当我第一次读到该诗时，异常兴奋，温州是我的故土，瓯江对于我而言是最熟悉不过的了，它是温州的母亲河。丽水和青田我也去过，只是石门洞我没有去过，如果早点读到先生的诗，我肯定会去探幽一番的。

五、雅情深

先生非常儒雅，我很喜欢先生走进我办公室的那种感觉，踏实又欢快，总是笑呵呵的。后来老是怀念这种感觉。到如今他难得来社科院，我还是非常喜欢他走进我办公室的那种感觉。虽然先生现在已经去北京工作，但是每当我遇到困难的时候，我总会想起先生在鼓励我的样子，然后就重振旗鼓，继续努力。

先生不单是一位对弟子充满鼓励与宽容的好导师，还是一位非常尊重女性的名绅。

2011年3月8日两会期间，政协在住地午餐前举行一简短庆祝妇女节的活动，要先生作一简短祝词，遂吟诗以贺：

七　绝

山乡水路换新颜，为有英豪数万千。

莫道娥眉让须眉，行行都有半边天！

我国发展迅速，城乡面貌极大改善，各地新面貌出现是成千上万的英雄豪杰努力工作的光辉成就。别以为女人都不如男人，实际上各行各业都有女中豪杰，她们也作出许多贡献，顶了半边天。即使是先生领衔的创意产业研究中心，女将们也顶了半边天。先生去北京后更超过了半边天。

先生具有浪漫情怀，有着一段鲜为人知的浪漫史。他的夫人是位皮肤白皙、气质优雅的艺术家——郑秀珠老师，郑老师年轻时是位颇有名气的专业舞蹈演员。最难能可贵的是，先生是在他人生最艰难的时候邂逅郑老师，先生渊博的学识和正直的个性深深地吸引着郑老师。新婚时，尽管手头拮据，但先生仍然精心把新房刷成粉红色，用中国民间工艺——大红剪纸作为点缀，令郑老师十分愉悦。后来多次搬家，郑老师总是将卧室刷成粉红色，这样的执著，让人体味到了情深的内涵。婚后四十多年，郑老师一直在默默支持着先生，为先生擦汗、为先生鼓掌……如今已是儿孙满堂、非常幸福的一个大家庭。

俗话说，一个成功男人的背后一定有个好女人，而在我看来，这句话应该这样说：一个成功男人的背后一定有一个令他心仪的女人。因为家的温暖，更让先生在事业上如虎添翼，诗情随之流露。

2009年7月14日先生在湖南郴州为该市中心学习组作报告，会后考察当地旅游产业和部分企业情况。并参观了苏仙岭景区的观白鹿洞书院和三绝碑（碑集秦观词、苏轼题跋、米芾书写，号称"三绝"）。今日郴州早

诗歌人生

157

非蛮荒凄苦之地，已成商贾趋赴的投资热土。应国际投资促进会会长王平之请，先生和词一首：

踏莎行·郴州旅舍

晓雾初开，莺飞蝶舞，繁花红紫含清露。

寻踪书院访苏仙，不知今日归何处。

喜见湘南，投资热土，山川万里通新路。

郴江底事出郴州，迎来四海客商住。

清晨的雾气刚刚开始，鸟儿已在飞，蝴蝶已在跳舞，这么多的花红得发紫而吐上清晨的露珠。在书院里寻找苏仙的踪迹，不知道今天在哪里。非常开心得看到湖南南边已经成了投资热土，各地（万里山川）通了新的道路。 郴江发源于郴州，迎来了四海的客商。这样的景象真是今非昔比啊！和词更表达了一种开放的思想。而宋代秦观《踏莎行》原作中的意境非常凄美：

雾失楼台，月迷津渡，桃源望断知何处。

可堪孤馆闭春寒，杜鹃声里残阳树。

驿寄梅花，鱼传尺素，砌成此恨无重数。

郴江本自绕郴山，为谁流下潇湘去？

六、喜开颜

最喜欢见先生开怀大笑的样子，他笑得极灿烂。经常他会开玩笑说，咳，自己也将进入70后，和我变成同代人啦。先生的心态和他的年龄一点也不相称。他的心态很年轻，因为他会说些连我们也没听说过的网络新名词，还知道当季流行哪种颜色。

近几年来，先生最开心的事情就是见到我国文化创意产业之花在遍地开放。因为他一直在努力的研究终于被现实和实际工作接纳了。先生丰硕的研究成果对于我国文化创意产业主管部门的政策制定、文化创意产业领域学者的深入研究、文化企业从业者的经营运作都具有重要的参考价值和借鉴意义。为此，各地在纷纷邀请他发表演讲。

2008年4月先生在嘉兴参加创意产业论坛，见嘉兴市积极发展创意产业、推进创新发展成效初显，有感而发，题七绝一首：

七　绝

绿水红船映日晖，山湖胜景亦芳菲。

创新创意添双翼，喜见禾城振翅飞。

绿水和召开中共一大的红船倒影在太阳的光辉中，因为太阳每天都是新的，山和南湖的美景芳香艳丽。创新和创意为城市的建设增添了两个翅膀，非常开心地见到嘉兴在快速发展中，如同振奋翅膀在展翅翱翔。

我也不知道是为何原因，觉得先生会给人以力量，和先生在一起，自己就会增加了一股无形的力量。这股力量让我去披荆斩棘、勇往直前。记得十年前，我还在电视台做编导，一天在外采访回来的车上，我们新闻部主任很不解地问我，好好的工作，为啥要考研离开呢？我很爽快地说，要跳龙门呗。十年前，我不曾预料到自己将来会遇到先生，而且先生的诗歌中也会有龙门，但愿自己的将来会时来运转！

2011年9月19日，先生去惠州龙门参加当地旅游文化节。考虑到龙门的生态环境极好，以森林温泉闻名；因鲤鱼跳龙门之说，传说到龙门会时来运转。遂题七绝一首：

七　绝

奇石灵泉翠满园，龙门胜景似天间。

闲游到此行佳运，净肺清心不用丹。

奇形怪状的石头和绿色的泉水使得满园顿生翠绿，龙门美丽的景色如传说中天堂似的。空闲的时候到此游览会行好运，净肺清心无需炼丹。《惠州日报》2011年9月20日发表了该七绝，当地政府非常高兴，因为邻近有景区宣传山上有葛洪炼丹处，而此诗道出当地生态环境的优良。因此还在龙门将该诗刻成了石碑，不仅可宣传优良的生态，还平添了个文化景点。

欢乐的心情会像美妙的歌声一样传递，去感染周边的人们。先生的快乐之意通过诗歌的表达，渲染了诗中的美景和人们。2012年8月10日，先生在运城为中心学习组讲课后去稷县参观，这里是稷王故乡，观后应邀题诗。

秋游稷山·七绝

农耕始创稷王山，稼穑文明四海传。

重枣满枝香满岭，金秋憧憬乐开颜。

稷山县是中国农业始租后稷的出生地，他在此教民稼穑，开启了中华数千年农耕文明，粮食种植的技术与规范传遍神州大地。人们看到重枣挂满枝头，憧憬金秋的丰收景象，自然非常欢乐。目前稷山县正推进文化强县战略，其中一项重点工程就是要开发稷王文化和板枣观光特色旅游线路。此诗有助于宣传当地旅游文化，所以县领导颇为高兴。

快乐是一种生活态度，也是一种境界。记得《第一财经》曾报道过先生的快乐是源于宽容和创造力。文化创意产业最难得的环境就是一种宽容的文化氛围，只有宽容的环境才能吸引创意阶层聚集，文化方可多样化，这是文化创意产业繁荣的关键元素，也是当下中国发展文化创意产业最紧缺的一个环节。而先生具有这种品质，竟而努力将宽容作为一种环境去经营。这是非常值得大家去学习和推崇的。

古人云："修身、齐家、治国、平天下"，我还是先从个人修养做起，慢慢学习先生的品质。但先生的创意水平是我怎么也学不到皮毛的，他的诗词创作只是其创意生活中的一小部分。先生答记者引用孔子所说的"兴于诗、立于礼、成于乐"令我寻思良久，或许可以这样去理解：学诗而有美感和创意，于是有兴趣而兴起研究文化创意产业；礼是指态度与规范，踏实认真地去研究，建立理论规范和发展模式，才使这项研究立于学术之林，得到社会和学界的认同；快乐地去研究、从研究中得到快乐，这就成功了！

（作者为上海社会科学院部门经济研究所助理研究员）

诗歌人生

学术研究感悟

学术研究的几点感悟

——厉无畏同志在学术研究30周年研讨会上的讲话

尊敬的各位来宾、同志们、朋友们：大家下午好！

非常感谢社科院为我从事经济学术研究30周年举办这个研讨会，感谢各位的发言，既帮我总结又是对我的鼓励。其实我取得的任何成绩都离不开我国的改革开放政策和社科院对我的培养教育。正是由于改革开放我父亲平反、恢复高考，我才有机会考入上海社科院读研究生，成为我人生的重要转折；否则的话我可能还只是个临时工。在社科院老师们的悉心指导下我才学到许多专业知识，学会研究方法。正如刚才几位同学提到的徐之河、陈敏之、杨锡山、钱志坚等教授，都是我的老师，给了我极大的帮助。所以我特别感谢改革开放的政策和社科院对我的培养，感谢老师们给我的指导。我自己曾立下誓言："常怀感恩之心、永存报国之志"。1981年我加入了民革，1982年研究生毕业后即从事经济研究，同时也参与民革的参政议政活动，用学术履职，进行参政议政。

回顾这30年的人生历程和学术研究有所感悟，一是要不断学习，无论身处顺境或逆境都要坚持学习。学习不仅是研究的基础，而且在当今社会上，一个人的价值不在于你拥有什么，而在于你能学会什么。就我人生历程的转折而言，改革开放恢复高考给我提供了机会，这机会对人们是公平的，但能否抓住机会则要看你的学习水平。我以前虽然没机会上大学，身处逆境，但我没放弃学习，机会来了我才能考取了研究生。上世纪90年代我学习到英国政府提出发展创意产业的文件和相关研究文章，于是我也开始对这一领域的探索和研究。

二是今天的研讨中都谈到创新发展，学术研究的创新发展也需要有包容多样和宽容的胸怀，合作交流、融合发展有助于创新。在我的研究成果中有许多都是在与我的同事或学生的交流合作中完成的，交流合作可以相互取长补短，实现优势互补和叠加，并提高效率。而学科的融合有助于创新，比如我对文化创意产业的研究就是从产业经济学的角度去研究，才取得一些创新的成果。此外对创新的事务也要有宽容的胸怀。由于创新经常会突破传统，比如早期的写实画派已有很好的发展，后来出现了抽象派、印象派的画，而习惯于传统画派的人们就不赞成，甚至予以批判。经过若干年后，梵高、毕加索的画才为人们所接受。我国女子12乐坊开始也遭到习惯于传统民乐人士的反对，后来在日韩发展获得成功后回来，人们才欢迎。如果人们能以宽容的胸怀对待新事物，必将更有利于创新。

三是要快乐工作。我在担任部门经济所长和民革市委主委时都提倡要快乐工作、快乐学习，并努力创造宽松快乐的氛围。我常对同事和学生们说子曰："知之者不如好知者，好知者不如乐知者。"这就是说快乐工作和学习会更有效。比如为让小学生能快乐地学英语，美国编了个学英语的动漫"加菲猫"，刻成光盘全球销售，我国很多小学生都在用。现在我国的动漫产业也学习这方式，为让小学生快乐地学数学，也编了个动漫故事"童话数学"，也非常受欢迎，不仅提高了小学生学数学的兴趣，也取得了一定的经济效益。曾有记者采访我问，你喜欢读诗、写诗和研究创意产业，它们之间有何关系？我告诉他说："也许两者并无直接关系，但子曰：'兴于诗、立于礼、成于乐。'你可以从中去理解。"实际上可以这样去理解：学诗而有美感和创意，于是有兴趣而兴起研究文化创意产业；礼是指态度与规范，踏实认真地去研究，建立理论规范和发展模式，才使

学术研究感悟

165

这项研究立于学术之林，得到社会和学界的认同；快乐地去研究、从研究中得到快乐，这就成功了!

四是学术研究要联系实际，从实践经验中总结出规律，提出的理论、方法应可用于指导实践。所以我们从事经济研究一定要多做调查研究，并多联系企业和相关部门。早在上世纪80年代研究乡镇工业时我就在实践中探索并践行一条"科研—咨询—培训"的路子，取得不少成果，颇受乡镇企业的欢迎。这些年研究创意产业，不仅调研了许多创意产业园区和企业，也为许多地区发展文化创意产业进行讲课和指导，根据企业和地区的需要，完成一批具有实际意义的课题研究，发表了如"历史文化资源的开发利用"，"创意产业的投融资与风险控制"，"创意产业与蓝海战略"等论文，另外还带领研究团队为一些地区的创意产业发展做规划。

以上是我从事经济研究的一些感悟，借此机会提出来和各位专家学者探讨、分享。

谢谢大家!

2012年11月

附　录

研讨会致辞

齐续春副主席在研讨会上的致辞

全国政协副主席、民革中央常务副主席 齐续春

尊敬的厉主席，尊敬的杨部长，各位领导、专家，朋友们：

大家好！

很高兴今年再次来到上海社科院。"厉无畏学术研究30周年研讨会"的隆重召开，是全面学习厉无畏丰厚学术思想的难得盛会，是系统研究产业经济和创意产业发展大计的有利契机，是充分体现多党合作制度优势的展示平台。在中共十八大即将召开之际，从厉无畏学术研究30周年历程这么一个缩影，来回顾我们国家在中共正确领导下经济理论研究和经济建设取得的突出成就，探讨发展完善社会主义市场经济体制的有关重大理论实践问题，展望全面建成小康社会的美好前景，意义重大、影响深远。在此，受全国人大常委会副委员长、民革中央主席周铁农的委托，我谨代表民革中央，对研讨会的召开表示热烈祝贺！对上海市委、市政协、社科院表示衷心感谢！

厉无畏学术研究深深根植在上海这片热土和社科院这个卓越集体，发展成就于中国改革开放的伟大的事业之中。厉主席研究领域之宽、研究范围之广、研究问题之深，研究成果之丰，都是令人敬佩的。30年来，无论是担任部门经济研究所所长、东华大学工商经济学院院长，还是作为上海市政府决策咨询专家、上海世博会咨询委员会主席，无论是提出"把创意变成生意，

168

让智慧带来实惠",还是成立创意文化研究中心,荣获中国创意产业杰出贡献奖,他始终把个人研究与国家需要紧密结合,始终保持与时俱进的创新精神,站在学术研究的制高点,建诤言,献良策。30年来,无论是政务、行政工作如何繁忙,厉主席始终坚持勤于治学、笔耕不辍、保持旺盛的学术活力和创新能力,先后出版多本专著,尤其是《创意改变中国》3年印刷9次,并被翻译为英、韩、日等多种语言,影响深远;始终坚持提携后进、诲人不倦、培养了一大批卓有成就的中青年经济学家,为创意产业在全国的蓬勃发展殚精竭虑,为推进经济社会的科学发展贡献着智慧和力量。

厉无畏把学术研究与履行参政党职能紧密结合,有力促进了中国多党合作制度的发展完善。自1987年7月加入民革,厉无畏历任三届民革上海市委会主委,三届民革中央副主席。作为多党合作制度的参与者、实践者,他以卓越的领导艺术、深厚的学术功底、超前的理论研究和独到的观点视角,身体力行,亲自领导并策划民革的组织建设和参政议政工作。他多次提出,民主党派要拆除围墙,从封闭型、半封闭型向开放型转变,要跨出统战系统,扩大与社会各界,与政府部门的联系,并积极参加社会实践和调查活动;他要求民主党派工作"有思路、有创新、有活力、有特色、有影响",努力提升参政议政的针对性、宏观性、可操作性。2008年,厉无畏当选十一届全国政协副主席,作为国家领导人,参与国是、媒体采访、出访考察、接待外宾,公务非常繁忙,但学者风范依然、研究精神依旧,在胡锦涛总书记、温家宝总理等主持的中共中央、国务院座谈研讨等高层协商活动,以及全国"两会"大会发言中,敢于发表真知灼见,一些建议被中共中央、国务院领导认为"很管用"并吸纳到有关国家战略决策中,受到各方赞誉;经常为全国许多省市的党委理论中心组作专题报告,为地方经济社会发展"问诊把脉",亲自带领全国政协和民革中央等调研组深入基层、深入实地,就宏观经济运行、产业结构升级、文化创意产业发展等深入考察调研,成果丰硕;作为知名经济学家和民主党派领导人代表，他始终坚持用通俗易懂的方式普及学术研究成果，贴近社会与百姓，服务经济社会发展，许多全国政协委员称赞他的发言是"以浅显的语言解答了很复杂的经济问题"；作为每年"两会"媒体和记者们的焦点人物，通过新闻媒体，积极有效引导舆论，有力宣传展示参政党形象，社会反响热烈；在国事访问之余经常应邀为我驻外使馆作文化创意产业专题报告，受到广泛欢迎。特别是厉主席高度重视民革中央的参政议政工作，在他的亲切关怀和积极倡导下，民革中央与上海社科院建立起紧密的合作关系，多次召开形势分析会、联合开展重点课题调研，共享学术研究成果，创新参政议政机制，提升建言献策水平。

今天的研讨会是厉无畏学术生涯的喜事，是上海社科院事业发展的大事，也是民革党内鼓舞人心的盛事！我本人作为他在民革中央的同事，与他密切接触，协助配合，建立了深厚友谊，无论是在思想认识、工作思路，还是在领导方法、学术修养，都很受教益。在工作和生活中，亲眼见证了厉主席为国家经济建设、社会事业、两岸关系和平发展所倾注的大量心血，为国家大政方针的制定和落实出谋划策、奔走呼号所展现的为民情怀，为民革中央和地方组织的建设发展所做出的突出贡献，深深感受到社会各界对他学术成就和个人情操的感佩，真切体会到民革党内和民革中央机关同志们对他衷心的拥护和爱戴！在这里，我也代表民革组织、代表中央机关的同志们，并以我个人的名义，向厉主席表示崇高敬意！

三十载春华秋实，三十载硕果飘香！老骥伏枥志在千里，骏马歌唱红日初上。衷心祝愿厉无畏的学术之树永葆青春，取得更大成就！衷心祝福厉无畏的生命之树永葆活力，驰骋锦绣山河！

最后，预祝"厉无畏学术研究30周年研讨会"圆满成功！

谢谢大家！

2012年11月

杨振武部长在研讨会上的致辞

上海市委常委、宣传部部长 杨振武

尊敬的厉无畏副主席，各位专家，同志们，朋友们：

今天我们在这里济济一堂，共同庆祝厉无畏同志从事学术研究30周年。首先请允许我代表中共上海市委宣传部，对厉无畏同志从事学术研究30周年以及取得的丰硕成果表示热烈的祝贺！

厉无畏同志是改革开放新时期著名的经济学家，在多个研究领域尤其是在数量经济学、产业经济学研究领域做出了突出的贡献。早在18年前，厉无畏同志就敏锐地意识到，中国经济发展方式转型的重要性和迫切性，开始从事创意产业的研究。历经18年的潜心探索，厉无畏同志为建立中国创意产业学科理论体系，为推动中国创意产业的发展做出了重大贡献，成为中国创意产业理论与实践发展的重要奠基人，被学术界和企业界誉为"中国创意产业之父"。

厉无畏同志的学术研究始终与改革开放同步伐，与经济社会共发展，他的研究成果具有很高的理论性、学术性，在改革开放实践中发挥了积极作用。厉无畏同志坚持马克思主义立场观点和方法，运用经济学基本原理和分析手段深入研究重大经济理论和实际问题，对推动我国数量经济学和产业经济学理论的研究作出了重大贡献，其研究成果多次获得国家奖项。他研究撰写的著作《创意改变中国》，创造性地构建了具有中国特色的创

附录

意产业理论研究框架，多次再版，蜚声海内外。

厉无畏同志的学术研究具有强烈的现实关怀，30年来对中国经济发展的现实问题作了大量有针对性的研究。在金融体制改革、国有企业和国资改革、现代企业制度建设等多个关乎中国经济发展的重大问题上发表了重要见解，多项建议被党中央、国务院采纳。特别是在上海世博会期间，厉无畏同志以其深厚的理论素养和开阔的国际视野，亲自指导世博会的创意设计工作，为上海世博会的成功举办和精彩难忘做出了杰出贡献。

今天我们聚集在这里，不仅仅是为了回顾厉无畏同志的学术生涯，也不仅仅是为了罗列厉无畏同志汗牛充栋的学术成果，而是要通过回顾厉无畏同志30年的学术生涯，学习厉无畏同志的治学精神，进一步推动哲学社会科学的繁荣发展。

我们期望广大社会科学理论工作者，坚持走理论研究和决策咨询双轮驱动的研究道路，为我们这个伟大的时代、为上海的创新驱动、转型发展贡献智慧。

我们更期盼厉无畏同志能继续为中国的经济学研究作出更大的贡献！

我们衷心祝愿厉无畏同志身体健康，学术之树常青！

最后预祝"厉无畏学术研究30周年研讨会"圆满成功！

谢谢大家！

2012年11月

高小玫副主席在研讨会上的致辞

上海市政协副主席　高小玫

尊敬的厉主席、杨部长，齐主席，各位领导、各位专家，各位同志：

大家好！

今天这里召开"厉无畏学术研究30周年研讨会"，回顾我们敬重的民革领导人、国家领导人厉主席的学术成就和参政实践，研讨一个学者型党派领导人为国贡献可企及的高度，是为幸事。我代表民革上海市委向研讨会的召开表示热烈祝贺！向硕果累累的厉主席致以崇高敬意！

厉无畏副主席学术耕耘30载，学术成果获奖无数，学术成就在学界有论定。厉主席的参政生涯几同步于学术，也有30年，这是他同样辉煌、大放异彩的人生历程。厉主席1981年加入民革，1988年起担任民革上海市委副主委、主委，1993年起先后任全国政协和全国人大常委，至2007年任民革中央常务副主席、再任全国政协副主席，30年间正是我国改革开放、中国政党制度建设快速推进的时期。他是见证者，更是亲历者。

厉主席充分运用自己的专业学识参政议政。1992年他受聘为上海市政府决策咨询专家，曾多次赴美、日、法、港台等国家和地区的大学与研究机构讲学，在国内外报刊发表了300多篇论文和调查报告，从市场预测、品牌战略到上海金融中心建设，从汽车、建筑到粮食风险规避……涉及经济和社会发展的各个重点、难点。厉主席凭借扎实的理论功底，持坚定的

173

改革开放和社会主义市场经济信念，所谈问题，总是切其实质，从独特视角提出见解，为宏观决策提供意见。在全国两会上，1994年他做政协大会发言《中国经济发展反差现象的思考》，相关建议被国务院有关部门吸纳到关于国有经济的决策中；1998年在《关于防范金融风险的若干建议》大会发言中，提醒国人东南亚金融危机不可归咎于其金融市场的开放，我国则应该加快金融市场化的改革为开放作准备；2005年他在全国人大提出"推进调节收入的社会第三次分配"，建议鼓励富人捐资建立公益性基金，从而在一些社会生活领域里实行社会收入的转移支付。就国债市场发展问题，他在1998、2000和2003年持续地分别向全国两会提出"恢复国债期货交易"、"适时开展股票指数期货交易"及"尽快进行股指期货交易试点"的建议，九届全国政协颁给他优秀提案奖，2006年中国金融期货交易所在上海成立。

厉主席是中国文化创意产业的领袖。他对创意产业的关注始于1991年，曾在上海和全国政协全会上提交过《以文化推进城市综合竞争力》、《推进产业文化化》等提案。当1998年英国人提出"创意产业"的概念，厉主席即率领自己的研究团队，系统地研究中国创意产业的市场交易、投融资、赢利和发展的形式与特点等问题，先后出版了《创意产业导论》、《创意产业：转变发展方式的策动力》、《创意产业新论》和《创意改变中国》等4部专著，为建立中国文化创意产业理论体系做出了巨大贡献。2007年，他获得"中国创意产业杰出贡献奖"，是理论界获此殊荣的第一人；2011年又获得了首届"中国创意产业推动大奖"。2009年作为民革中央常务副主席，厉主席针对次贷危机影响，代表民革中央以"发展创意产业，推进经济创新和传统产业的升级"为题作政协大会发言，其中一句"在当前的经济寒冬中，创意产业已经成为了一股令人振奋的暖流"，被众多媒体引作标题，推动了经济界乃至全社会对创意产业的广泛关注。

厉无畏副主席是我非常敬佩的民革领导，作为他上海民革的继任者，我得到着他民革工作的、宝贵的示范。厉主席的参政经验也是新时期统一战线的精神财富。首先是他敏锐的政党意识，注重转变工作响应参政党要求。厉主席任上海主委的11年间，正值中共发出89［14号］文件，他立即意识到成为"参政党"之于民主党派所具有的重大意义，意识到党派工作必须适应其地位、作用、任务的深刻变化。他要求民革工作要向开放型转变，倡导社会实践和调查活动；重视以实践为基础的参政党理论研究，组织编辑了《探索与实践》文集、建议并参与了民革中央《参政党建设的理论与实践》一书出版。还有是他活跃的创新思维，注重探索参政议政的有效形式。民革将参政议政作为安身立命之本。厉主席注重参政议政的效果和影响，最大地发挥民革的作用。他带领民革党员以讲学、论证、评审等形式，为政府的宏观决策提供咨询意见，特别是他还将决策咨询活动延伸到全国，11年间先后10余次组织民革专家分赴新疆生产建设兵团以及闽、赣、川、贵、苏等各地，讲学、提供咨询意见，获得广泛好评，并由此拓展了民革参政议政的途径。再有是他务实的参政作为，注重切当下实际而让有限精力出最大成效。党派成员履职心切，常会纠缠于一些超前的、理想的要求而不拔。厉主席也论时弊，但他的智慧是顺大势起而行。看准创意产业对于国家经济发展、文化发展的意义，他不仅贡献着理论专著，还不辞辛劳地应邀踏访各地，向政府、企业深入浅出地讲授创意产业。既在操作层面支招又在意识层面启发，他推动中国文化创意产业发展不遗余力，如此对国家做他独有的贡献。

工作上的厉主席，清晰、睿智、温和、包容，是可信赖的导引者；日常中，他渊博、诙谐，透着诗情、迸发着创意，是可亲近的长者。他拥深厚的理论根基，又深切地关怀现实；他学见通透，因而总是能用浅显的生活语言解说复杂的经济问题；他治学严谨，而思想少有框制。但见他无论多重的国务工作也总能删繁就简，举重若轻。受他魅力的感染，不断有优秀的学者加入民革。社科院民革组织就是从无到有，成为了上海民革参政议政的重要力量。

厉主席30年的治学、参政，"学""参"相长，是将自己的学识与参政事业的完美结合。他是我们身边的、中国学者型党派领导人参政的成功范例，为新时期民主党派参政树了一个新标杆。强自身能力、融自身于国家发展大潮，为所应为、为所能为、顺势而为……我们从他身上能够汲取太多的启迪和激励。对于我，他是仰止的巅峰。感谢上海社科院举办"厉无畏学术研究30周年研讨会"，品评厉主席的治学，能让我们更深刻地体会他参政的成就。祝愿，厉无畏副主席学术、参政事业长青！祝厉主席的创意人生日日精彩！

2012年11月

王战院长在研讨会上的致辞

上海市委副秘书长、上海社科院院长　王　战

尊敬的厉无畏副主席，尊敬的杨振武部长，齐续春副主席，高小玫副主席，各位领导、各位专家：

今天，我们在这里隆重举行厉无畏研究员从事学术研究30周年的庆典活动。社科院可以说是高朋满座，蓬荜生辉。首先请允许我代表上海社会科学院，对厉无畏研究员从事学术研究30周年以及所取得的丰硕学术成果表示热烈的祝贺！对厉无畏研究员多年来努力建设的学术梯队表示祝贺！

令我们感到十分荣幸的是，厉无畏研究员和上海社科院有着深厚而紧密的学术渊源。他早年是改革开放后社科院研究生部的首届高才生，后来又长期担任部门经济所的领导职务。在他的不懈努力和精心指导下，部门经济所积极承担改革开放时期所迫切需要的体制改革、政策咨询、理论架构、发展战略等各类重大研究任务和社会责任。可以说，厉无畏研究员在上海工作期间的杰出成就，为上海社科院赢得了广泛的社会声誉，也奠定了部门经济所在国际经济学界的学术地位。

30年来，因其在数量经济、经济管理、区域经济及金融等领域的丰硕成果，厉无畏研究员先后被推举为上海数量经济学会理事长、上海管理科学研究会理事长、上海市股份制与证券研究会会长。期间，还先后担任民

附录

177

革上海市委副主委、主委、民革中央副主席、民革中央常务副主席；上海市政协副主席、上海市人大常委会副主任；全国政协副主席等重要领导职务，被誉为统一战线的智慧之树。

在繁忙的社会活动和国务活动之间，厉无畏研究员仍然笔耕不辍，不断在学术领域取得新的突破和成就。30年来，他已经撰写出版20余部著作，在国内外报刊杂志上发表论文、文章以及研究报告等共计300余篇。主要学术成果包括：《计量经济学》、《投入产出经济学》、《创新经营》、《中国产业经济发展前沿问题》、《21世纪初中国重点产业的发展与前景展望》、《科学发展观与新一轮经济增长》、《转型中的中国经济》、《加快国有企业改革》等编著和译著。新世纪以来，厉无畏研究员主要从事创意产业方面的研究工作，主编和撰写《创意产业：城市发展的新引擎》、《创意产业导论》、《创意产业：转变经济发展方式的策动力》、《创意产业新论》、《创意改变中国》等著作，直接推动了我国创意产业生产力的发展，被誉为"中国创意产业之父"。

厉无畏研究员在国内外学术界具有极高的社会影响力，其研究成果曾荣获省部级优秀成果奖11项，包括上海市哲学社会科学优秀论文奖、优秀著作奖、上海科技进步奖、上海市决策咨询优秀成果奖等。1990年获国家教委和国务院学位委员会授予的"有突出贡献的中国硕士学位获得者"称号，并获得国务院特殊津贴；1992年受聘为上海市政府决策咨询专家，为上海的经济发展做出了许多贡献；2007年获得全国创意产业杰出贡献奖。他还多次赴美国、德国、日本、韩国、台湾、香港等国家和地区，与当地大学、科研机构进行合作研究和专题讲学。

学术繁荣的关键在于人才，学术繁荣的成功在于梯队；厉无畏研究员已经为上海社科院培养了近30名博士和博士后！他的弟子们也已成为社科院和其它学术单位的科研骨干。目前，厉无畏研究员依然是上海社科院文化创意产业特色学科带头人、创意产业研究中心主任和博士生导师。对此，我们表示衷心的感谢。最后，祝厉无畏研究员智慧之树常青、也祝厉无畏研究员领军的创意产业研究结出更丰硕的成果。

最后预祝"产业创新与发展"学术研讨取得圆满成功!

谢谢大家!

2012年11月

沙海林部长在研讨会晚宴上的致辞

上海市委常委、统战部部长　沙海林

　　今天，由上海社科院主办的"厉无畏学术研究30周年研讨会"在上海社科院国际创新基地隆重举行，来自民革中央、民革市委和社科院的领导，学术界、高校的专家学者，以及厉无畏的学生们济济一堂，回顾厉主席30年从事学术研究所取得的丰硕成果，并以"产业创新与发展"为主题，开展研讨活动。因为工作的原因，我错过了参加研讨会的机会，但很高兴能够参加今天的晚宴，当面向厉主席表达敬意，并致以最热烈的祝贺。

　　众所周知，厉主席是著名的经济学家，长期从事产业经济、数量经济和经济管理等方面的研究，出版了几十部专著，发表的论文更是不计其数。特别是在创意产业理论研究领域，享有极高的声望，有"中国创意产业之父"之美誉。厉主席也是我们非常尊敬的党派的领导同志，长期以来与中国共产党风雨同舟，亲密合作，无论是在政协的舞台上，还是在民革的事业中，都发挥了重要作用。他政治上的坚定、事业上的成就，以及自身的人格魅力，都值得我们敬仰。

　　值此厉主席学术研究30周年研讨会召开之际，正逢厉主席70岁诞辰，可谓双喜临门。在此，我谨代表中共上海市委、中共上海市委统战部向厉主席表示最热烈的祝贺，并恭祝主席身体健康、万事如意！

2012年11月

研讨会发言

开新造大敢为先

汪俊昌

尊敬的厉无畏老师、各位领导、各位专家：

很高兴能够受邀参加此次盛会！更荣幸能够作为厉老师的学生代表之一在这里发言！首先，请允许我向厉老师表示最最崇高的敬意！向曾经给予我学术灵感和启发的各位老师和专家们表示衷心的感谢！

我于2004年慕厉无畏教授之名进入上海社会科学院部门经济研究所应用经济学博士后科研流动站从事文化创意产业领域的博士后研究。此前，我在复旦大学取得外国哲学专业博士学位，并且在浙江省社会科学院从事人文学科研究及科研管理工作多年。2006年出站后，我回到浙江工作，先后担任浙江省社会科学院副院长、浙江艺术职业学院院长。这些年来，虽然日常管理工作日趋繁忙，但个人学术研究与社会实践却始终与文化创意产业难分难解，这一方面固然是当代社会发展的情势使然，但另一方面也确实深受厉老师的感召，得益于他的言传身教。

作为目前国内著名的经济学家，厉老师在产业经济学领域的学术贡献是多方面的，限于功力与时间，我无法一一述及。仅就他近年来倾力关注的文化创意产业研究而言，其贡献实在可以用"三新三大"来概括：

第一，他关注了新问题，思考了大战略。上个世纪八十年代以来，随着全球范围内可持续发展意识的日益觉醒，以文化促进发展，用文化代表发展，乃至于视文化自身的发展为人类发展的最高目标越来越成为世界发展的潮流。作为一种不算太晚的反应，中国在新千年伊始也适时地把发展文化产业提升为国家层面的发展战略。而厉无畏老师凭借他开阔的学术视野和敏锐的专业眼光，早在上世纪九十年代前期就开始关注这一新问题，并且深刻地阐述了创意产业在产业发展创新、城市核心竞争力提升以及社会体系创新中的战略地位和作用。现在看来，这些论述不仅事关我国经济发展方式的战略转变，而且也事关文化发展方式的战略转变，更事关整个社会发展的战略全局，意义十分重大。

第二，他提出了新思路，提供了大启发。对于文化创意产业的理论研究，厉无畏老师不仅起步早，思路完整，比如给人印象特别深刻的关于把握产业经济学的"一二三四五"要诀，而且观点也极具前瞻性。无论是讨论文化的本质与功能，讨论产业的融合与渗透，还是揭示创意产业发展的要素与经验，他始终都能站在理论与现实的最前沿，以其独特的简约快乐的风格提出新思路，提供大启发。

第三，他指导了新实践，开拓了大空间。接触过厉无畏老师的人都有一个共同的感受，那就是他没有长篇大论，却有精深高论，没有高高在上，却有循循善诱，没有浅尝辄止，却有持续追踪。我想，这一定与他内心深处经世济民的情怀、宽厚包容的胸襟、注重实践的品格息息有关。作为一名著名的经济学家与国务活动家，他不仅重视学术研究，而且还亲身指导和参与实践活动，将文化创意产业与社会发展中的重点、热点、难点问题广泛地结合起来，比如产业结构的升级、城市品牌的塑造、企业经营管理的创新、海峡两岸合作关系的发展、"三农"问题的破解等等，有力地开拓了国家、地区和行业发展的实践空间。由此可见，一个学者出身的国务活动家，他的影响是何等的巨大！

总之，正是因为有了开新造大敢为先的学术品格，使厉无畏老师赢得了"中国文化创意产业之父"的盛誉。我辈后学理当紧随其后，勇猛精进，才能不辱使命，光大师门！

最后，衷心地祝愿厉无畏老师学术生命常青！永远健康快乐！

谢谢各位！

（作者为浙江艺术职业学院院长、研究员，2005—2007年在上海社会科学院应用经济博士后流动站学习，师从厉无畏先生。）

王平理事长在研讨会上的发言

王　平

尊敬的全国政协厉无畏副主席、各位专家、各位学者、各位嘉宾、各位新闻界的朋友：

大家好！

今天群贤毕至，高朋满座，大家欢聚一堂，庆祝我国著名的经济学家厉无畏副主席、厉老师从事社会科学三十周年座谈会，我作为厉主席的追随者和学生，为能恭逢此次盛会而倍感荣光！厉主席传奇的人生经历、坚定的理想信念、辉煌的学术成就、丰硕的经济实践成果，给我们留下并继续指导和提升着我们的闪光人生精髓，也因此而成为我们永远学习的楷模和人生导师。

厉主席出身名门，其外公蒋作宾是中国同盟会第一批会员，辛亥革命元老，民国时期优秀的政治家、军事家和外交家，去年在湖北纪念辛亥革命一百周年的盛会上，我亲身感受到了湖北人民对老先生的深切怀念和崇敬；主席的父亲厉德寅先生也是经济学家，先后曾任中央大学、上海复旦大学、上海财经大学教授；主席的姨外公竺可桢先生曾任浙江大学校长，是中国著名气象学家。厉主席幼承家学，深厚的文化底蕴应是由此而始。

众所周知，厉主席是著名的经济学家，中国创意产业之父。对于在我国经济社会发展过程中出现的金融改革、产业转移、企业营运等各种重点、热点、难点问题，主席一直保持着与时俱进的创新热情，提出了诸多独特观点并指导于实践。特别是在我国经济发展面对新的挑战，国与国经济竞争深入到文化层次之际，厉主席率先提出发展创意产业，把极大热情与精力投入到创意经济的研究与指导企业经营实践中来，可以说，创意经济的伟大实践为他提供了施展才华和人生抱负的又一舞台，同时他作为我国创意经济的理论创始人，政策推手和见证者而蜚声海内外，受到政、学及实业界的普遍尊重和拥戴。

一直以来，厉主席始终以敏锐的视角，密切关注我国经济发展、特别是创意经济发展的前沿问题，笔耕不辍，推陈出新。厉主席著作等身，其主编与合作编辑著作有《创意产业—城市发展的新引擎》、《区域经济——战略规划与模型》、《企业实用现代管理方法》、《转型中的中国经济》、《中国产业经济发展前沿》等数十本。在国内外报刊杂志上发表论文300余篇，曾获得省部级优秀成果奖十多项。

特别值得一提的是，主席的大作《创意改变中国》，至今已经再版多次，不仅在国内学术界和经济界饱受赞誉，在国外也广受欢迎。前年，韩国学界不仅将该书翻译成韩文，隆重邀请主席赴韩参加著作首发式、进行专题学术讲座，还将《创意改变中国》定为韩国大邱大学的选修著作；今年，日本学界又主动联系我们，要求将主席的大作译成日文版，并力邀主席在2013年元月赴日本进行学术访问，同时参加作品首发式。至于《创意改变中国》的英文版，则早已在海外被业内人士尊为宝典。创意产业的研究始自英、日、韩等国，而近年来我国在这方面之所以有后来居上之势，作为中国创意产业研究的旗帜的厉主席居功至伟。

厉主席是中国第十一届全国政协副主席，肩负参政议政重任；在民革中央，他又是常务副主席，参赞党务，日理万机；在议会交流和民间外交方面，厉主席也颇有其外祖父遗风。今年四月，我有幸作为中国和平裁军协会代表团成员随同主席访问日本、越南和柬埔寨，亲身领略了厉主席睿

附录

185

智、高超和成熟的外交家风采。

厉主席虽然公务繁忙，但仍倾注大量心血于创意经济的研究与实践推动。可以说，我们国际投资促进会的点滴进步和成就，都离不开厉主席的关心和支持。厉主席在全国各地的讲学中，都常有一批我会的企业家踊跃参与，这批企业家躬行厉主席的创意产业和经济理论的同时，也实实在在地把主席的理论活学活用到协助地方政府的招商引资及企业经营创新中去。由于主席的指导和关心，推动了地方政府的招商进程，拉动了地方经济的持续发展。在增加地方税收、扩大就业的同时，也为企业家投资搭建了闪亮的舞台。

媒体赞誉主席是"书生本色、智者风范"，这确实也是对主席的真实写照。厉主席这些年在全国各地视察工作时，不仅悉心指导各省、市的经济工作，繁忙之余，还留下了一些脍炙人口的诗词。厉主席是一个著作等身、学富五车的学者，也是一位心态年轻的长者，本月底，就是主席七十寿诞了，可主席精神矍铄、健步如飞，丝毫没有老年人的龙钟老迈，这一切归功于主席"勤者寿、仁者寿"的人生态度。厉主席担任国家重要职务，一直倾心于国家的各项事业，热心参与社会实际、指导后进，委实令人敬仰不已。可以说，厉主席也是道德老人的标杆、学术老人的标杆、健康老人的标杆。

最后，在这隆重庆祝厉主席从事社会科学研究三十年的盛会上、也是主席七十寿诞来临之际，让我们用热烈的掌声，恭祝厉主席、厉老师福如东海、寿比南山，同时，也祈愿敬爱的厉主席在学术上为我们留下更多、更宝贵的精神财富！让我们用热烈的掌声，提前祝敬爱的厉主席、厉老师生日快乐、晚晴火红！

谢谢主席，谢谢大家！

（作者为国际投资促进会（香港）理事长）

研讨会综述

厉无畏学术研究30周年研讨会于2012年11月3日在上海社会科学院社科国际创新基地举行，会议由上海社会科学院主办，上海社会科学院部门经济研究所承办，院党委书记潘世伟和部门所所长杨建文分别主持了会议。出席会议的领导有上海市委常委、市委宣传部部长杨振武、民革中央副主席齐续春、上海市政协副主席高小玫、市委副秘书长、上海社会科学院院长王战、上海市委宣传部李琪副部长，以及来自政府、高校、社会各界和我院的领导、嘉宾、学者和学生近200人。

此次研讨会的焦点主要集中在四个方面：对厉无畏研究员30年学术生涯的评价、学术研究的贡献，学术参政的影响，以及对创意产业的开创性研究。

关于厉无畏30年来的学术品质和治学态度，与会者普遍认为厉无畏研究员无论是身处逆境还是顺境，他都始终坚持学习，自强不息，值得年轻人学习。还有学者对其人格魅力和孜孜不倦的钻研精神给予了很高的评价，认为他温和包容、治学严谨、举重若轻，善于用浅显易懂的语言解释经济，是中国学者型参政的成功范例。杨振武部长指出，厉无畏同志的学术研究始终与改革开放同步伐，与经济社会共发展，他的研究成果具有很高的理论性、学术性，在改革开放实践中发挥了积极作用。齐续春副主席认为，研究深深根植在上海这片热土和社科院这个卓越集体，发展成就于中国改革开放的伟大的事业之中。他始终把个人研究与国家需要紧密结合，始终保持与时俱进的创新精神，站在学术研究的制高点，建诤言，献良策。王战院长则指出，在繁忙的社会活动和国务活动之间，厉无畏研究员仍然笔耕不辍，不断在学术领域取得新的突破和成就。陈家海研究员认为，他最突出的学术品格是敏锐性，对学术动态看得很清楚，并且身体力行。严诚忠教授认为，他从事深入的理论研究，但从没离开过中国的现实，不忘联系实际，从研究乡镇企业经营管理开始，都给人以启示和思想的引导。正因他的研究成果同时具有学术性和实践性，荣获省部级优秀成果奖11项。

关于厉无畏的学术贡献，大家认为其在数量经济学、产业经济学研究方面做出了突出的贡献。左学金研究员认为，他在国内较早地用索罗模型对国内纺织企业技术改造进行了测度。苏东水教授则认为，他的《中国产业经济发展前沿问题》提出了12个项目，有前瞻性、理论性、历史性、现实性、国际性，该书在社会上有很大影响，多个学校把此作为产业经济学科的教本。他在世界管理论坛、东方管理论坛等众多学术会议上发表的讲话受到了企业界、学术界的好评，对新中国产业经济学的学科的贡献巨大。

关于学术参政的影响，与会者认为厉无畏的学术参政成绩斐然。齐续春副主席认为，厉无畏把学术研究与履行参政党职能紧密结合，有力促进了中国多党合作制度的发展完善。2008年，厉无畏当选十一届全国政协副主席，作为国家领导人，参与国是、媒体采访、出访考察、接待外宾，公务非常繁忙，但学者风范依然、研究精神依旧，在胡锦涛总书记、温家宝总理等主持的中共中央、国务院座谈研讨等高层协商活动，以及全国"两会"大会发言中，敢于发表真知灼见，一些建议被中共中央、国务院领导认为"很管用"并吸纳到有关国家战略决策中，受到各方赞誉。高小玫副主席认为，厉主席的参政生涯几同步于学术，厉主席30年的治学、参政，"学""参"相长，是将自己的学识与参政事业的完美结合。他是我们身边的、中国学者型党派领导人参政的成功范例，为新时期民主党派参政树了一个新标杆。强自身能力、融自身于国家发展大潮，为所应为、为所能为、顺势而为。王战院长认为，厉无畏是统一战线的智慧之树，在国内外学术界具有极高的社会影响力。

关于厉无畏在创意产业方面的开创性研究，与会领导和专家都给予了很高的评价。杨振武部长认为，厉无畏研究员早在18年前就敏锐地意识到转型的必要性，开始了创意产业的研究，为中国创意产业的产生和发展奠定了坚实的基础，被学术界和企业界誉为"中国创意产业之父"，尤其是他的《创意改变中国》获得了普遍好评，已被印刷9次，获得"全球文化产业学院奖"的"思想驱动奖"，被翻译成了英文、韩文、日文，影响深远。苏东水教授认为厉无畏最主要的贡献是在中国首位提出创意产业，有广泛的影响。左学金研究员认为，厉无畏同志在创意产业方面开创了先河，其研究对我国经济转型具有重要意义，尤其是上海及沿海地区更有迫切的意义。东华大学校长徐明稚教授认为，近年来，厉无畏同志的学术思想启发影响了东华大学师生，在其思想影响下，目前时尚创意产业已成为东华大学的特色和优势，环东华时尚创意产业集聚区经济初步形成，相信东华大学能在此有所作为。

会议还就"产业创新与发展"主题进行了专题学术研讨，上海市委常委、统战部部长沙海林出席了会后晚宴并致辞。

后记

编者
2013年5月

　　这本纪念集，主要是由厉无畏老师培养的博士，以及他的老同学、老同事撰写的。2012年11月3日，"厉无畏学术研究30周年研讨会"在上海社科国际创新基地举行，围绕"产业创新与发展"这一主题，来自政府部门、高等院校、科研院所和企业界的专家学者纷纷发表感言，围绕厉无畏老师提出的一些重要观点和发表的一些重要成果，从各个角度进行了评价，并从参政议政、学术研究、学生培养、诗歌创作等多个方面回顾了厉无畏老师三十年的学术生涯和成就。我们把这些专家学者撰写的回顾性文章进行了汇集，并以研讨会纪念文集正式予以公开出版。

　　文集名为《踏道·经世·传薪》，深刻诠释了厉无畏老师多彩而恢宏的学术生涯、激越与丰富的参政历程、快乐又豁达的诗歌人生。他"踏道而行"，在乡镇企业、数量经济、国资改革、中小企业、创意产业等诸多领域孜孜以求，创新了产业经济学的研究体系，实践了自成一体的治学之道。他"经世致用"，自觉地将经济学的理论融汇于"济民报国"之中，运用自己的专业学识参政议政，为我国多党合作事业做出了积极努力。他

"传火于薪"，辛勤耕耘十余载，培养了一批已在各行各业崭露头角的硕士生、博士生和博士后，为我国经济学理论研究薪火相传做出了杰出贡献。

本文集由王振、王慧敏负责统筹、统稿。参与撰稿的有：李硕、王大悟、韩华林、夏晓燕、王振、王玉梅、王慧敏、王秀治、孙洁、窦梅、穆为民、李洪仁、万本根、曹丰平、吕林、于雪梅、蒋莉莉等。

厉无畏学术研究30周年研讨会的成功举办及文集的出版得到了各方各界的支持和帮助。感谢上海社会科学院及部门经济研究所的全力支持。感谢民革上海市委的倾力协助。感谢团结出版社的大力帮助。感谢王秀治、夏晓燕、卢明明、王平、王冷一、陈建勋等给予的真诚相助。

全书收录了厉无畏老师学术生涯三十载在各个领域的创见与观点，以飨读者。同时，谨以此书献给我们敬爱的厉无畏老师，衷心祝愿他身体健康、阖家幸福！

2013年5月

后记